天下無敵のご縁術

誰でも開運体質になれる生き方

櫻庭露樹

SAKURABA
TSUYUKI

幻冬舎

はじめに　「ご縁」をめぐる終わりなき旅へ

「あなたに出会えてよかった」

「あなたのおかげで今があります」

これまでの人生で、あなたは誰かにそんな素敵なセリフを言われたことはありますか。またはあなた自身が、誰かに対してそのような思いを抱くような体験をしたことはないでしょうか。

私にとって「**ご縁**」**とは、人生で一番の目的であり、かけがえのない最高の財産**だと言い切っても過言ではありません。それほど私の人生においては「ご縁」こそが、大きな役割を持ち、とてつもない影響を与え続けてくれています。

◎人生は誰と出会って誰と過ごすか

まさにこの一言に尽きるのです。お金、仕事、人間関係、健康などあらゆる分野においても、人生のすべての鍵はこの「ご縁」が握っています。人生には様々な局面が誰にでもあるかと思いますが、どんなときでも私はその「ご縁」に助けられ、願ってもみないような想定外の世界に導いていただいてきたのです。

もともとド貧乏育ちで仕事もなく、生きがいを感じられずに自暴自棄《じぼうじき》に生きていた私が、「ご縁」に恵まれたおかげで、まさに摩訶不思議な人生を体験させてもらってきました。

いかにその威力が強力であるのか、私自身が身に沁《し》みて体感してきたということです。

逆を言えば、「ご縁」さえ味方につけたらどんなに人生が楽しく、充実したものになるのかを、誰よりも思い知っているという自負があります。

そこで、この本に出会って下さったあなたにも、そんな素晴らしい「ご縁」つなぎをさせていただきたいのです。

改めまして、この本を手に取っていただきありがとうございます。私を初めて知る方もいると思いますので、最初に簡単な自己紹介をさせていただきます。開運ユーチューバー、スピリチュアル研究家の櫻庭露樹《さくらばつゆき》と申します。

もともと24歳で独立し、店舗経営を複数こなしながら、世界を飛び回るバイヤーの仕事をしておりました。いつの間にか、経営者から、講演家、指導者、作家、インフルエンサーなどと、一体自分が何を生業にしているのか自分でもわからなくなるほど、様々な経緯でお仕事の依頼をたくさんいただけるようになりました。

私は青森県三沢市で生まれましたがすぐに東京に引っ越しました。小学3年生で転校してから人生が一変。父親の借金返済のために小学3年生のときから新聞配達をしながらお金を稼ぎ始めます。またお金を稼ぐために不労所得を2つ作りました。小学校卒業時までの4年間で1000万円以上稼いでいます。

高校を卒業してからは何をしても仕事が続かず、23歳でうつを経験し人生をあきらめかけていた頃、友人の岡部君の助けで一念発起、1300万円の借金をしお店を始めました。しかし、始めた当初は集客のやり方も知らずお客様が来ず。もう店を畳んで、当時お金が稼げることで有名だった佐川急便で働こうと思ったその矢先に、地域ナンバーワンのお店を経営していた社長から商売のイロハを無償で教えていただき、月に140万円の赤字経営だったにもかかわらず、720万円の黒字という驚異的なV字回復をしたのです。30歳のときにはお店が6店舗、年商は4億円の会社になっていました。

しかし、離婚を機に一文無しへ逆戻り。私は「なんで人生いつもツイてないんだろう」と、半ば世の中を呪って生きてきました。

この本のお話は、「自分はいったい何のために生きているんだろう?」と、自分の存在意義や使命を探していた私の30歳すぎ頃から始まります。そして、その5年後の35歳と8カ月のときに、心学研究家にして50冊近くの本を出されている講演家、故・小林正観《こばやしせいかん》さんと出会うことができたのです。ここから私の人生が一変するのです。私が人生で初めて「師匠」と仰いだ正観さんは、「ごえん（縁・円・援・宴・園）」をとても大切に考えていらっしゃいました。人生は1人で生きていくものではなく、誰かと幸せに為《な》しあうものであって、この世でいちばん楽しい人生の過ごし方は、「自分の存在が喜ばれているという喜びを、実感しながら生きていく」ということだと教えていただきました。

それからは、押しかけ弟子として正観さんについて回り、師匠が言うことすべてをやり続けてきました。ふと気が付くと、いつしか18年もの間、開運の研究を続け、今こうしてみなさんの前でお話しするような人生になってしまったのです。

そう考えると、35歳以前の私には想像もつかないほどの別世界にいます。小林正観さんに「ご縁」をいただけなければ、今の私は存在しません。でも、今ではわかります。師匠と私の縁はつながるべくしてつながったのだということを。

さて、あなたは、「ご縁」とは偶然に起こる出会いだと思っていないでしょうか？

最初に言っておきます。**「ご縁」は必然でしかありません。**

すべての「ご縁」は寸分のくるいもなく完璧なタイミングで突然やってくるものです。

◎運気を高めるためには昨日より良い人になること

たくさんの人たちが、運気を上げたい、良い出会いが欲しいと願っています。

まずは自分が、そんな出会いにふさわしい「喜ばれる存在」なのかどうかが最重要です。あなたが、誰かの人生を好転させる出会いをもたらす存在にならなくてはいけません。良い「ご縁」に巡り会うために、まずは準備がいるのです。

自分が普段から実践し続けていること、宇宙に投げかけていることの先に「ご縁」があり、その「ご縁」を生かすかどうかで運が決まるからです。

今、あなたを取り囲む人間関係をよく考えてみてください。人間的に尊敬できる素晴らしい人もいれば、付き合うにはちょっと嫌だなという人もいるでしょう。そうしたさまざまな人間関係の中で、「この人とはお近づきになりたい」と思う人がいたとします。その人と一緒にいると気分がいいとか、その人と仕事をすると必ずうまくいくとか、人間的に成長できる、そばにいるだけで癒されるなどという人がいます。

そういう人こそがあなたにとって「運気が高い」人であり、大切な「ご縁」なのです。

では、運気の高い人との「ご縁」をつくるにはどうしたらいいのでしょうか？　運気の高い人は波動が高く、自分もその位置まで少しずつ登っていかなければなりません。まずは**ファーストステップとして昨日より良い人になることです**。それは運気の高い人のレベルに近づかなければ、つまり、あなた自身も運気を上げなければ、その人たちとの「ご縁」は生まれないということです。ですから、「運」と「ご縁」はつながっていて、素晴らしい「ご縁」に恵まれることは、けっして偶然ではないのです。

私はこれまでさまざまな開運法をお伝えしてきましたが、すべて私が「人体実験」と称して実践してきた研究結果です。ですから、今回の「ご縁」についてのお話も同様に「運」との深い関係があるのです。

この本では、そうした私の実体験から得たことや運気の高い成功者たちとお付き合いしてわかったことから、実際にあなたの運気をアップして「ご縁」をつかむ実践法などまで、運と「ご縁」の関係を余すことなくお伝えしていきます。

本書の構成は次の通りです。

第3章　あなたの運気が確実にアップする3つの実践法
第4章　ご縁に恵まれる人が常にやっていること
第5章　何を投げかけるかで、ご縁は100パーセント変わる
エピローグ　トイレ掃除でいただいた「ご縁」の話

プロローグでは、私が30歳のときから導かれるようにしてさまざまな縁がつながっていき、人生の師匠・小林正観さんに出会うまでのお話をさせていただきます。

第1章では、あなたの運気の基準になるものについて解説していきます。

第2章では、運気を上げる実践に入る前に準備すべきこと、とくに実践をどうやって習慣にしていくかという大事な点について述べていきます。

第3章では、実際に運気を上げる実践として、3つのポイントに絞ってやっていただきたいことをお教えします。これらを実践していけば、あなたの運気が確実に上がっていることが実感できるはずです。

第4章では、私がこれまでお会いしてきた運気の高い成功者の話を中心に、

こういった方たちとの「ご縁」をどうやってつかんでいくかということがご理解いただけると思います。

第5章では、あなたの「ご縁」が100パーセント変わるためには何が必要か、最強の「ご縁」を築くために大切なことをお話しします。

さあ、あなたはどうやって自分の運気を上げて「ご縁」を築いていくのか、どうしたら神様からのギフトを受け取ることができるのでしょうか。そろそろ本編を始めましょうか。

「運」と「ご縁」とのお話は、バイカル湖よりも深く、これから縁《エン》ドレスに続きますよ。

櫻庭　露樹

開運ユーチューバー／スピリチュアル研究家

プロローグ

縁を通して、人はそれが運だったと気づくのです

第1章

ご縁を引き寄せるためには自分の運気を上げる

第2章

あなたの運気を上げる実践の前に準備すべきこと

第 3 章

あなたの運気が確実にアップする3つの実践法　77

第5章 何を投げかけるかで、ご縁は100パーセント変わる 161

エピローグ トイレ掃除でいただいた「ご縁」の話 186

プロローグ

縁を通して、人はそれが運だったと気づくのです

◎私の店にやって来た、なんとも奇妙なおじさん

24歳から店舗経営を始めましたが、3カ月間赤字続き、借金の返済さえ出来ない状態でした。やっぱり自分には社長になってお金持ちになることなど無理だったんだ……と諦めかけたとき、ふと思ったのです。自分と同じ商売で成功している人はいないのだろうか？　と。調べてみると横浜市に日本一のお店があったのです。思い立ったら即行動！　営業時間にもかかわらず店を閉め横浜へと向かったのです。思い返せば私の人生は横浜の社長とのご縁から奇跡をいただいたのかもしれません。

何も分からないど素人の私に親切丁寧に商売とは何なのか？　を叩き込んで

くれました。この商売の師匠のおかげで1300万円の借金を半年で完済。生来、お金の使い道を知らない私は、29歳で1億円近くの貯金がありました。しかし、訳あって瞬時に9500万円を失うことになってしまい、また一から出直すことになったのです（この話は、『金運がアップするすべての方法を試してみた』〈フォレスト出版刊〉で詳しく書いています）。

お店は儲《もう》かっていたのですが、何か新しいビジネスモデルを探すべく〝買い取り〟という事業を始めたのです。

ある日、私の人生を根底から覆《くつがえ》すようなキーパーソンとの運命的な出会いがやってきました。なんだかさえないおじさんが「これ、買い取っていただけますか？」と、なにやら怪しげな物をたくさん持ってきました。聞くところによると、彼は毎月東南アジアに出張し、そこでいろいろな物を買っているということでした。私の店は古着から雑貨まで何でも取り扱っていましたから、おじさんが持参してきた商品を見て瞬時に、コレは間違いなく売れるだろうと目星がついたのです。喉から手が出るほど欲しい物でした。

しかし、そこは商売。買取金額を下げるためにも「うちで売るのは難しいっすね」などと言いながら、頭の中ではしっかりとそろばんをはじいていました。なんとか買ってほしいという雰囲気を感じた頃合いで、私は「じゃあ、まとめて25万円でどうですか?」とかなり安い値段で言ってみました。すると彼は「もう一声お願いします」ということで、結局30万円で取引成立、彼の物を買い取ったのです。

おじさんは翌月も買い入れた物を持ってきました。それからも毎月何かを持ってくるものですから、私は彼が何の仕事をしているのか聞いてみました。すると、誰でも知っている大手商社の子会社の社長というではないですか。私はちょっと冷や汗をかきました。

――もしかしたら、彼の持ってくる物は私の見積りよりかなり高いのではないか……。

まぁ、社長の持ってきた物は私の予想通り売れ、私は彼(K社長)とどんどん親しくなっていきました。そんな折、彼から「今度、マレーシアに行くんだけど、櫻庭さんも一緒に行かない?」と、海外旅行に誘われたのです。私はアジアは汚そうという間違った認識から嫌だと何度も断っていたのですが、さすがは一端《いっぱし》の社長、「飛行機代を出すから一緒に行こう」ということで、そこまで言うならと初めてのアジア、マレーシアへと出かけることになったのです。

◎海外でのカルチャーショック　見るものすべてが信じられない世界

K社長と行ったマレーシアで、私はこれまで見たことのない光景を目にしました。

とにかく貧しかったのです。貧富の差が激しすぎて、日本ではあり得ない光景がそこにあったのです。たとえば、車が赤信号で停《と》まると道路沿いから子どもたちがわんさか出てきて、「花束を買ってくれ」だとか「タバコはいらない?」と、カゴを抱えて集まってくるのです。

社長からは、けっして買ってもいけないし、お金をあげてもいけないと言わ

れていたのですが、ちょうど1人だけ小さな女の子が花束を差し出してきました。小さな子どもまでも働かなければいけない現実……。私はいたたまれなくなってお金だけ渡したのです。すると、沿道でそれを見ていた子どもたちがいっせいにこちらに迫ってきたのです。

私はいきなりキッズたちに取り囲まれてしまいました。日本だったらアイドル、スター扱いの状況です。社長には「だから言っただろ！」と叱《しか》られましたが、私はそこで、初めて旅行者のルールというものを知ったのです。

私の受けたカルチャーショックはそれ

だけではありません。屋台で食事をしていると、乳飲《ちの》み子を抱えたお母さんがプラカードを抱えて目の前にやって来ました。社長に聞くと「この子のミルク代がありません。お金をお恵みください」と書いてあるらしい。

一瞬、そのお母さんと目が合ってしまったのですが、無視するルールを守り食事を続けました。すると……お皿の横に手が出てきたのです。もう怖いのなんのって。しかし、お母さんの手が出た状態で、私は黙々《もくもく》と食事をするしかありませんでした。

そうこうしているうちに、今度はズボンの裾《すそ》を引っ張る者がいます。私がビックリして下を見ると、足のないおじさんが台車に乗っかっていてザルの中にお金を入れてくれと……。

「こんな凄い世界があるのか⁉ 見るものすべてが信じられないモノばかり。日本はなんてぬるま湯なんだろう。これからは自分の知らない世界をもっともっと見に行きたい！」。私はそんな思いで、もう金魚の糞《ふん》のように毎月、社長にくっついて海外に行くことにしたのです。

◎タイで出会った、私のあこがれとなった偉大な男

マレーシア→韓国→タイのバンコク→チェンマイと、3回目の海外旅行で、私はタイに行きました。そして、このタイで私は自分の人生を180度変えてくれる師匠と出会うことになるのです。

タイの北部チェンマイでK社長の紹介で会ったその人は、アジア各国の貧困地域で大きな工場をいくつも建てている現地社長のTさんという日本人でした。Tさんがなんでそんな貧困地域に工場を建てていたのかというと、貧困にあえぐ人たちの生活が少しでも楽になるよう雇用をつくる目的だったのです。

Tさんは仏のような方で、どこの国に行っても現地の言葉で話しました。タイに行けばタイ語で、中国に行けば中国語で、ミャンマーに行けばミャンマーの言葉で話すのです。現地の人からは「社長、社長」と慕《した》われ、会社のスタッフもTさんが大好き。「世の中にこんなカッコいい人がいるんだ」と、私は完全に惚れてしまいました。「俺はこんな人になりたい！　この人に一生ついていこう」と決めたのでした。

それからは毎月アジアの貧困地域をTさんと一緒に周りました。

私が初めて「一生ついていきたい」と思ったあこがれの師匠。しかし、悲しいことにTさんとの縁は約2年で終わりを告げました。

Tさんが命を落としてしまったのです。

それは突然の知らせでした。亡くなる前日にもTさんから電話があり、明日、胆石《たんせき》を取り除く手術をするという話でした。そのとき電話をかけてきたのが中国の安徽省合肥《あんきしょうごうひ》というところ。

「合肥で手術をするんですか⁉　いや絶対にやめてください。なんで日本に帰ってから手術しないんですか⁉」

「いや、こんな簡単な手術。別に入院もしないで、その場で退院できるくらいだから大丈夫だよ」

「でも、絶対にダメですよ」

「大丈夫、大丈夫、ハハハ……」


これがTさんとの最後の電話になりました。

——胆石で死んでしまった……。


あとでスタッフから聞いて知ったのですが、執刀医が新人研修医で、切るところを間違えて血が止まらなくなったということでした。完全な医療ミスです。しかし、当時の中国が医療ミスを認めるはずもありません。

今でもこの出来事を思い返すと、Tさんが亡くなってしまった悲しみに、胸が締め付けられます。「神様はなんでTさんを連れて行ってしまったのか」という問いは、どんなに運の研究を重ねても、腑《ふ》に落ちないままでした。

貧困地域の人たちを救うことをミッションに掲げ、誰からも慕われていたTさん。あの人が生きていればたくさんの人が助かったはずなのに……。


私はそれまでツキのない人生を送っていました。24歳から始めた事業でお金を儲けても心のスキマを埋めることはできませんでした。

つまらない人生……。そう思って生きてきた私に、初めて師匠ができて、実の息子のように可愛がってもらいました。一生ついていこうと思っていたのに、こんな残酷な仕打ちってあるのだろうか……。

◎人生を教えてくれる本物の師匠に出会うまで

毎月アジアの多くの国に行っていた私は、Tさんという大切な師匠を失い、自分が憧れる存在のアテもない中、どうやって生きていこうか？　と悶々《もんもん》とした日々を過ごすことになりました。ただ、タイのチェンマイでスパを経営していたために毎月1回はチェンマイには行っていました。

そんな折にチェンマイのとあるバーで出会ったのが、私に初めて「運」というものを教えてくれた人でした。その人に教わったのが3つのルールです。この話は『世の中の運がよくなる方法を試してみた』（フォレスト出版刊）で詳しく述べていますが、その3つとは「きれいな財布を使い、お金を大切にする」「靴やスリッパはきちんとそろえる」「使った椅子はきちんと戻す」でした。

その教えから「運」とはいったいなんなんだろうか？　と漠然と思い始めたのですから、人生とは不思議なものです。

私は日本に帰ってから、自己啓発の本をあさり始めました。最初に手にしたのはベストセラーだった『7つの習慣』（キングベアー出版刊）。でも、当時の私には難しすぎて何を言っているのかさっぱりわかりません。その中で、おそらく誰もが通るであろう斎藤一人《さいとうひとり》さんに行き着きます。

斎藤一人さんは、銀座まるかんというダイエット商品、健康食品、化粧品を販売する会社の創業者で、生涯納税日本一の方です。全国の販売代理店の方々も有名で、著書も数多く出版されています。一人さんは中卒でお金持ちになった人物ということで話も面白くためになる。全国から一人さんの話を聞きたいという人が後を絶たない、そんな自己啓発界の神的存在です。

一人さんの話は何百時間もＣＤで聞きました。その一人さんのＣＤの中で何度も話に出てきたのが「小林正観」という名前でした。

――この一人さんが素晴らしい人だというのだから、どれだけ凄いのだろうか？

本を取り寄せ読んでみると衝撃が走りました。正観さんの弟子にしてもらおう！　それまでの私は講演会というものにすら行ったことがありませんでしたが、初めて行ってみたいと思いました。キャンセル待ちをしながら、絶対にこの人に会いたいという衝動が抑えられなかったのです。

そして、私がやっと求めていた師匠、小林正観さんと出会うことができたのです。当時の正観さんは、旅行作家であり、日常生活の中で実践することで心の在《あ》り方を追究していく心学研究家としても、口コミだけで常に講演会は満員御礼《おんれい》というほどの大人気でした。振り返ってみたら、最初にきっかけをくれたあの商社の社長が私の前に現れてから、5年の月日が経っていました。

「商社の社長に出会う↓海外経験をする↓タイであこがれのメンターと出会う↓敬愛していたメンターの突然の死↓チェンマイで心の在り方や運の大切さを教えてくれる恩師に出会う↓運について知ろうともがく日々↓斎藤一人さんのCDを聴いて小林正観さんを知る↓実際に会いに行く」

振り返ってみたら、こんな経緯の人とのつながりを通して、ついに私の人生が大きく動き始めることになったのです。

ということで、ここから私の運を引き寄せる人体実験が始まったのでした。

第1章

ご縁を
引き寄せるためには
自分の運気を上げる

人には運を左右する「振動数」がある

人には「**振動数**」というものがあります。

スピリチュアルに関心のある人はわかると思いますが、「振動数って何？」と初めて聞く人もいるかもしれません。

そもそも振動数とはれっきとした物理学用語で、物体が一定の時間内に揺れ動く数のことです。わかりやすい例で言うならば、音叉《おんさ》を想像するといいでしょう。

音叉は強く叩くと振動が大きくなりますが、この振動は音として波のような形で現れます。これが音の波＝波長と言われるもので、一定の幅でつくられた波を周波と言い、この波の数で周波数が決まります。

つまり、ここで言う振動数と周波数は同じ意味になります。

そんな周波数で思い出すのはラジオの周波数。私の時代、昭和の人はラジカ

セにあるつまみを回してチューニングしていましたが、ＴＢＳラジオなら９５４ｋＨｚ、文化放送なら１１３４ｋＨｚというように周波数が決まっています。

量子力学の世界では、エネルギーを持っている万物は「粒子」で構成されています。人間で言うなら、細胞、そしてそれを構成する原子から成り立っているのですが、この原子の周りを飛び回る電子の動きのパターンを「波動」と呼び、それぞれの振動数も異なっているのです。つまり、人間の細胞内にある電子が振動を起こしてその人の周波数になるというわけです。

ざっくり言ってしまうと、「量子力学の理論とスピリチュアルの世界には共通点があまりにも多い」ということなのです。この本とは直接関係ないですが、最近では量子力学界でも、スピリチュアル界で話題になっているパラレルワールドの研究が真面目にされているくらいです。

まあ、そんなことはさておき、とにかく人には振動数（=周波数）というものがあり、その振動数は人によってそれぞれ違うということだけ覚えておいてください。

では実際に、人の振動数はどれくらいあるのでしょうか。

実は**人の振動数は毎秒変化しており、その数は6万回から18万回までの幅があって、運が良いと呼ばれる人は常に10万回以上の振動をしているのです。**

運気の低い人は「振動数」も少ない

問題は運気の低い人の振動数です。6万～10万回以下の振動数の人は運気が低迷しがちなのはもちろんのこと、いつも機嫌が悪く怒りっぽく、愚痴《ぐち》、泣き言、文句ばかり言っていたり、自己肯定感が低かったりします。

さらに家は常に汚く、出費が多くお金に苦労し、「なんでツイてないんだ⁉」と世の中に悪態をついて生きているような人たちです。

かくいう私も、若い頃はまったく同じような状況でしたからよくわかります。おそらく私の振動数も35歳くらいまで相当少なかったのではないかと思います。

そして、運気が上がらないのには理由があります。**振動数の少ない人は、同じように振動数の少ない人たちとつるむ傾向にあるのです**。いつも同じような人たちと一緒に過ごし、汚部屋《おべや》に集まり酒を飲み何かしらの愚痴や悪口を言い合っているものです。

まさに邪気《じゃき》の餌食《えじき》。彼らの大好物は、愚痴や文句や悪口を言っている人、喧嘩をしている人、お金を大切にしない人で、そういった人にやすやすと憑依《ひょうい》します。もちろんほこりや汚れも大好きで、汚い家には邪気が喜んで棲《す》み着きます。彼らはこの世に浮遊していて、どこに住もうか、誰に憑《と》りつこうかと常に待ち構えているわけです。

よく酒を飲んで目つきが変わる人がいますが、残念ながら入られています。見れば分かります。怒りで感情がコントロールできず、振動数はダダ下がりで、完全に邪気に支配されています。その延長線上に、罪を犯すケースも多々あるのです。

この世に生まれて、なぜ運のいい人と悪い人がいるのか、現在、世界には80億人もの人がいる中で、なぜ振動数に違いがあるのでしょうか。

これは私が運を研究し続けてわかったことなのですが、実は、**肉体に年齢があるように、魂にも生まれ変わり（輪廻《りんね》）の回数というものがあります。**何度も生まれ変わる中で、さまざまな体験、経験を重ねながら魂が向上していくのです。だから、輪廻を繰り返すほどに、波動が高くなる傾向があります。

そのような、魂を向上させるために必要なあらゆる経験や体験を1回の人生で得て、すべての感情を味わうことは到底不可能です。生まれ変わりの回数が少ない人は、経験値がまだ低く、負の感情にとらわれがちのようです。まずは負の感情をたくさん味わいながら学んでいくのです。たとえば、物を盗んだらどんな経験や体験をするんだろう、人を傷つけたらどうだろう、悪口を言い続けたらどうなるのだろうと、悪い感情を味わうわけです。

初めはそういった感情を味わい、もがきながら、どうしたら人生がよくなるんだろうと、創意工夫を重ねて、七転八倒《しちてんばっとう》しながら何回も何回も転生《てんせい》していくわけです。

この世から犯罪がなくならないのは、この世には生まれ変わりの回数が多い人もいれば少ない人もいるわけで、こうした宇宙のプログラムの中で一緒に生きているからなのです。

ですから、振動数が人によって違うのは仕方がないことなのです。しかしながら生きている間のどこかのタイミングで、自分の運気の悪さは自分がみずから作り出しているのだというカラクリに気がつく人もいるのです。私のことを例に出すなら、運気を落とすネガティブな言葉、態度、表情をやめる、そして目の前にいる人に喜ばれる存在になろうと決意したのです。

私の場合は35歳8カ月のときに気づいたのです。

この本をわざわざ手に取って読んでいるあなたがどのステージにいるのかはわかりませんが、まさに今、魂変革プログラムの時期に来ているのかもしれません。神様は常にあなたの魂が向上するように見守り続けてくれているのです。

あなたの運気を上げなければ、運気の高い人にはめぐり会えない

「類は友を呼ぶ」という言葉があるように、この世界では、同じ振動数の人が引き合うようになっています。あなたを取り囲む人間関係は、すべてあなたの放つ波動と似ている人で構成されているものなのです。

先ほど説明した音叉の例でも、同じ波長でなければ共振しないのです。誰かの話を聞いたときに、いい話だな、素敵だなと共感できるかどうかは、今の自

分の波動にシンクロを起こしているかどうかによるのです。これは人づきあいや、出来事でも同じ原理です。つまり、あなたの運気を上げないかぎり、運気の高い人にはめぐり会うことは難しく、人生も変えづらいということなのです。

そしてこの世界の森羅万象《しんらばんしょう》が、今一緒にいる物や人や場所に影響をし合っています。物理では大きい物から小さい物へ、高いところから低いところへ、と物事が流れていきます。**運気の高い人といると自分の波動も引き上げてもらえるように出来ているのです。これを「波動干渉《はどうかんしょう》」といいます。**つまり、あなたは常に人、物、場所と干渉し合っているということです。この波動干渉を有効活用するためには出会いを変えていく必要があるのです。運が良く、波動の高い人とお近づきになるためには、自分の波動も上げていく必要があるからです。

◎自分の運気を上げるには積極的に上げにかからなければいけない

これがあなたのご縁を向上させる絶対条件となります。

自分よりも波動の高い人に会ったり、波動の高い場所に行くと、振動数は上がります。しかし、それは一時のことであって、常に10万回以上の振動数の人にすぐになれるわけではありません。ましてや運気の高い人も、自分より運気が高い人に憧れて、出会いを選択していくのですから、「ああ、この人は付き合うべき人ではないな」とみくびられないように、波動が高く魅力的な自分を演出する必要があるのです。

ですから、たまたますごい人物に出会ったとしても、それは1回かぎりのご縁。出会いを活用するためにも、いつも自分が高い波動でいられるような準備が必要だということです。

もっと簡単に言ってしまえば、ゲームの「ドラゴンクエスト」で序盤の武器「ひのきのぼう」しか持っていないのに、いきなりラスボス（魔王）に出会うことはありません。もしもバグってラスボスに対面しても、1回のターンであっけなくやられてしまいます。

運気を上げるのはレベル1からコツコツと弱い敵をたくさん倒しながらスキルを身につけていくのと同じで、あなたが日々の実践をコツコツと積み重ねていく以外の道はありません。そして、手に入れるだけではなく、それを自由に使いこなせるようにしなければなりません。私が常日頃、「開運は技術である」と言っているのは、運気はみずからが積極的に上げにかからなければ上がらないということなのです。諦めずに実践を繰り返していきさえすれば、いつの日か必ず変えることができるのです。

運気を上げるにはどれくらいの時間がかかるのか？

自分の運気を上げていく、振動数を上げていく実践を積み重ねていくことで、運のいい人と出会うチャンスは必ず増えていきます。では実際運気が上がるまでにどれくらいの時間が必要なのか？　私が35歳と8カ月のときに小林正観さんという師匠に出会って、正観さんに言われたのは「今の運気を変えるには3年かかります」ということでした。正直、愕然《がくぜん》としました。今どん底と思えるこの状態を抜けるのに、努力して3年……。
当時の私は人生に切羽詰まっていて「3年かぁ……」と心は折れかけましたが、今実践することをやめてしまっては元も子もありません。「今変わらなければ3年後もこの状態、とにかく諦めずに毎秒全力で振り切る以外の道はなし！」と、本気になりました。

どうしたら人生が今より良くなるんだろうかといつも悩んでいました。せっかく尊敬できる師匠にめぐり会えたのだから、師匠の言ったことはすべて実践し続けようと決心しました。

人生を変えるためなら何でもしようと心に決めていたので、師匠に教えていただいたことを寝ている時間以外はすべて実践していきました。3年かかろうと何だろうと、やるしかないのです。腹をくくって目の前のことにとにかく必死で取り組んだところ、結果的に3週間で「講演をしてほしい」という頼まれごとが来たのです。

今ではそれが「前倒しの法則」であったことがわかりますが、そんなことは当時の私にはわかりませんから、とにかく振り切って実践したのです。

初めて正観さんとお会いしたときに、仕事のことについて質問させていただきました。正観さんは顔相を見れば、その人がどんな人なのかすべてお見通し。正観さんは質問した仕事のことを答えるのではなくこう言ったのです。

「あなたの口から出る否定的な言葉を肯定的な言葉に変えてみたらどうですか？　もっと笑顔を心がけてみてはどうですか？　そして、『ありがとう』という言葉をもっと口から発してみてはどうですか？」と、この3つのことをやってみてはどうですか？　という提案をいただきました。私の頭の中は⁇だらけ。それ仕事と何の関係が⁇　と思いました。

しかしながら話を聞いていると、自分の言動が仕事だろうと人間関係だろうとお金だろうともすべてに直結しているとのこと。考えてみると教えていただいた3つのことは私がまったくできていないことでした。運気を上げる以前の問題です。自分で自分の運気の足を引っ張っていたのです。これには衝撃が走りました。今まで人生はどうしたら良くなるのだろうか？　と一生懸命に生きてきたつもりでしたが、まさか自分で自分の人生を悪くしていたとは……。何か秘密の儀式や秘密のアイテムなどがあり、それらを使えばたちまち開運する。そんな自分の低レヴェルな考えなど一瞬で吹っ飛びました。まずは否定的な言葉を金輪際《こんりんざい》使わないこと。ブスッとしないこと。「ありがとう」の感謝を日常の中でたくさん実践すること。

私の人生で一度も思ったことも考えたこともない世界観でした。開運への第一歩は何かをすることではなく、自分の悪《あ》しき習慣からの脱却だったのです。今の自分にとって最も重要なことは運気を上げることではなく、今より運気を下げないことだったのです。

後頭部をハンマーで強く殴られたような衝撃があったことを昨日のことのように思い出します。

私は言われた瞬間から実践を開始しました。とくに「ありがとう」という言葉は、年齢×1万回言うと奇跡が起きると言われたので35万回を目指しました。すぐさま野鳥の会で数を数えるときに使うカウンターを買いに行き、買ったその瞬間から数え始めました。

正観さんから、心を込めなくてもいい、本心から思っていなくてもいい、何かをしながらでもいい、高速で言ってもかまわないと言われたので、テレビを観ながら、お風呂に浸《つ》かりながら、歩きながら、車の運転中、どこでも持ち歩いて「ありがとう、ありがとう、ありがとう……」とつぶやき続けたのです。

毎日車を3時間運転していたので運転中は高速で「ありがとう」を言い続けるわけです。計ってみると大体50分で1万回言えることが分かり、35万回言うのに3週間くらいで完了しました。本気で続けていたら自分が口にする言葉が変わり笑顔も増えました。そして気がついたら正観さんにアドバイスしていただいた3つのことがいつしか習慣になっていたのです。意外な効果に自分でも驚くばかりでした。

そして、ちょうど35万回言い終わった頃に講演してくれませんか？　と耳を疑う頼まれごとが来たのです。

自分の使命を知りたいなら頼まれごとをされること。正観さんからそう何度も教えていただきました。私に頼まれごとなんて来たことがありませんでしたが、実践を始めてたった3週間で効果があったことが本当に信じられませんでした。

18年前のこのとき「ちょっと話してもらえませんか？」と頼まれたことがきっかけでその頼まれごとが今でも続いていることは奇跡以外の何物でもないと思っています。

私がこれまでに会った多くの師匠たちに必ずと言っていいほど共通するのは、彼らが本当に大切にしているものが「時間」ということでした。

人は2つの勘違いをしているのです。1つは「時間は無限にある」ということ、もう1つは「いつまでも健康でいられる」と思っていることです。この2つの勘違いがあるがゆえに、いつもダラダラと時を過ごしてしまいます。そしていつまでも健康で元気でいられると勘違いをしています。やらなければいけないこと、会いに行かなければいけない人のことも、「いつかは」と先延《さきの》ばしにしてしまいます。先延ばしの人生は自分の運気も先延ばしになるのです。

時間も健康もいつ終わるかなんて誰にも分かりません。明日の朝に普通に起きられる保証などどこにもないわけです。ですから、運気の高い人には、先延ばしせずにその場ですべてを解決する人が多いのです。

すべてにおいて即時処理。やろうと決めた瞬間に始めることの大切さは、運気を上げることにかかわらず、人生すべてにおいて言えることです。

運気を上げていくことは実践であり、実践し続けていくこと、繰り返すことで習慣になります。

私が「日常の中で運気をよくしていくような実践はしていますか？」と聞くと、多くの人が「やっています」と答えます。でも「毎日やっていますか？」と聞くと、「毎日はやっていません」と歯切れが悪くなるのです。

切羽詰まった人は振り切って、何も考えずに実践し続けます。実践し続ければ必ず習慣になります。成功者にはたくさんの習慣、マイルールがあります。さぁ、あなたも何を実践し何を習慣にするか今決めてみてはいかがでしょうか？

運気の高い人は目に見えないものを大切にしている

人は皆、運をよくしたいと思っているのですが、始めてみて2、3日すると何も起こらないからすぐに諦めて、やろうとしたことを忘れてやめてしまいます。そんな人が8割以上。まずは、すぐに結果を求めずにやり続けるしかありません。中途半端な実践では中途半端な人生にしかなりません。何ごとも習慣にしないと意味がないのです。運気の高い人は、とにかく習慣の数が圧倒的に多いです。それはなぜかというと、彼らは自分との約束を絶対に守り、目に見えないものごとを大切にしているからです。

たとえば、お墓参りに行くことなども当てはまります。成功者でご先祖様をないがしろにしてお墓参りすらしない人を私は見たことがありません。やはり飛び抜けた実績や成功を収め続けている人というのは、そういった見えないものを大切にし、お墓参りも習慣になっています。ご先祖様や目に見えない存在のおかげで自分が仕事をさせていただいていることに、感謝と誇りを持っているんですね。

これは、目に見えないものの力、それがご先祖様なのか神様なのか、はたまた守護霊なのか人それぞれ違うとは思いますが、成功者に共通して言えるのは、目に見えない存在に導かれて今の自分があるという感謝の思いがあることです。だから、自分がやることなすことに責任を持っているのです。自分のお役目をご先祖様に少しでも喜んでもらえるように精一杯やり切ろうとするし、誰かや何かのお役に立てるというやりがいもあるから約束を守るわけです。そういったよい習慣が、成功者、運気の高い人にはたくさんあるのです。

ちなみに、私の人生を護り導いてくれているのは守護霊だと思っています。これも目には見えないものなので証明はできないのですが、すべて守護霊からのメッセージで、背中を押してくれていることを感じています。

何を大切にするかは人それぞれですが、あなたも気づいているはずです。目には見えない何か不思議な力によって動かされるときがあることを。

私が常々言っている**「すべてのことはメッセージ」とは、起こる出来事はす**

べて必要必然ベストであって、意味があるということなのです。ものの見方や捉え方を、あなたがいつも宇宙から試されている、とも言えるでしょう。

とにかく、成功者や運気の高い人は、こうした目に見えない存在を大切にしています。振動数を上げるべく、見えない力が頑張ってくれているのです。その力は、あなたの幸せなゴールを信じている存在ですから、あなたも実践し続けるしかないのです。

身に降りかかることはすべてメッセージ

自分を変えたい、運気を上げたい、運気の高い人と出会いたいと思うなら、結局のところ一番の早道は、みずから積極的に新しい世界に飛び込んでいくことしかありません。

ずっと家にいても、出会うのは宅配便の人くらいです。運とは実践して初めて動き始めるもので、より良い習慣を増やしていくのも、すべては宇宙に投げかけるためなのです。とくに、ご縁というものは人と人とのつながりですから、自分から新しい世界に飛び込まなければ生まれません。

前にも述べましたが、私が35歳のときに「オレの人生、なんてツイていないんだ」と思って生きていた頃、タイのチェンマイで強面の恩師に運について教えてもらってから本気で自分の人生を変えたいと思うようになりました。

日本に帰ってからは、生涯納税額日本一、運の第一人者である斎藤一人さんのCDを聴きまくりました。そのCDの中で一人さんが何度も言っていたのは、「私の話を聞くより小林正観さんの本を読みなさい」ということでした。

でも、アマゾンで検索しても正観さんの本は一向に出てきません。というのも、当時は正観さんの本は、書店では発売されていなかったからです。それでも私は毎日、いつ発売になるかとアマゾンを検索し続けました。それこそ「毎日小林正観」です。

そして半年後、小林正観さんの書店用の本が発売されたのでした。その本が発売直後からアマゾン1位で驚きましたが、さっそく購入してむさぼるように読みました。夢中で何度も読み返しましたが、そのたびに深い感銘を受けました。

しかし、運とはすべて必然、ベストのタイミングで訪れるものです。というのも、本を読んでからすぐに意を決して正観さんに会いに行こうと申し込んだ講演会こそが、私にとっての必然だったからです。

忘れもしない、それは正観さんの一番弟子として知られている高島亮《たかしまりよう》さん主催の講演会でした。東京・五反田の会場は150人びっちりの満席。私は講演会に行くなんて初めてのことでしたから1人でおどおどしていました。

そんな会場で、ひときわ黄色い声援に囲まれキャーキャー言われているモテ男子がいたのです。

その人が、大人気作家のひすいこたろうさんでした。

ひすいさんとの出会いもまた必然であったのです。その後、とても仲良くなり、ひすいさんが私の宣伝部長になってくれて、彼のメルマガによく私のことを書いてくれたお陰で今の私があるのです。ひすいさんには足を向けて寝られません。

そして、小林正観さんとの出会いこそ、私の人生のターニングポイントとなるほどの大切なご縁でした。それから1年半、正観さんにくっついて、講演会やイベントごとにご一緒させていただきました。そのタイミングのすべてが必然だったということは、今ではよく分かります。

「斎藤一人さんのCDを聴いて小林正観さんの本の存在を知った↓半年間、アマゾンで本を検索し続けた↓本を読んで、初めて1人で講演会に行った↓その講演会でひすいこたろうさんと出会い、正観さんを1年半追い続けた」

自分の身に降りかかることは、すべてがメッセージ。実践してきたことに何ひとつ間違いはなかったのです。

つまり、**あなたが今、この本を読んでいるのも完璧なタイミングなのです。**

この本を読んでいるあなたは、運気を上げる準備段階に入っているのだと思います。そう、あくまでも準備段階です。私の提唱する運気を上げる方法は

〝実践（習慣）〟しかないからです。

しかし実際に、実践をして本当に運気が上がる人は2割いるかどうかというのが現実です。もしこの本を読んでくれている方が１０００人いると仮定して、実際に実践してみる人が２００人。その中で実践し続ける人がその2割の40人、この40人が運気を変えることができる人です。またその中でも私がモンスターと呼ぶ40人の2割の8人が人生を劇的に変えることができるのです。そしてその8人の中の2割の１・６人が世の中を変えるリーダーになると私は思っています。

つまり、1万人が本を手にしてもズバ抜けて運気が最高になる人は１００人もいないわけです。しかし、宇宙には「準備なき者にはいっさいの介入はしない」というルールがありますから、この本を読んでいるということは、神様は「準備がととのった者」として、あなたにメッセージを送っているのです。

成功者や運気の高い人に出会うチャンスはすぐそこです。あとは、そのときを迎えるまでに自分の運気をどんどん高めていくことです。

そのためには、実践の前に準備しておきたいことがあるのです。

第2章

あなたの運気を上げる実践の前に準備すべきこと

運気を下げている習慣を書き出してみる

運気を上げる実践に入る前に、やるべきことがあります。

それは準備です。先述の通り「準備なき者にはいっさいの介入はしない」というのが宇宙のルール。つまり、「自分は絶対に運がよくなり、運気の高い人と出会う」と決意しなければ始まりません。とはいえ、決意しただけで実際には何から始めればいいのかわからないという人が意外と多いのも事実です。

そのためには、まず自分の中で因数分解《いんすうぶんかい》をしていかなければなりません。これまでの人生がうまくいっていないと思うのならば、結局はそれまでにあなたが投げかけてきたものがもしかしたら間違っていたのかもしれません。それゆえに自分の人生をつまらないものにしているということです。

（表情＋言葉＋態度）×投げかけてきたもの＝今の自分

つまり、自分がいったいどんなことを投げかけてきたのか、自分で棚卸《たなおろ》しをしなくてはいけないわけです。棚卸しして自分がやめるものを決めること。必ず運気の足を引っ張っているものがあります。それを考えていき、まずはそれらを絶対にやめる。運気を上げる上でのファーストステップこそまずはやめるものを決めることなのです。

私は師匠の小林正観さんに自分の運気が上がらない原因を教えてもらってから、二度としないと心に決めて、絶対に守りました。それは先にもお話しした「否定的な言葉を肯定的な言葉に変える」「不機嫌をやめていつも笑顔でいる」『「ありがとう」という言葉を口にする』という3つのことでした。

それまでの私は、「あいつが悪い、こいつが悪い」「今の時代が悪い、置かれた環境が悪い」と、いつも自分以外のせいにしていたのです。

そんな中で師匠に諭され、自分の人生はすべて自分がつくり上げているんだということに初めて気づき、まずは自分の運気を下げていた言動をきっぱりやめたのです。当時の私には、我が身を省《かえり》みることなどなかったですから、師匠に教えていただけたことはとても幸運でした。

ですから、**あなたもやるべきファーストステップは、「自分の運気を下げる悪しき習慣を認識し、それを決してやらないと決断する」ことなのです。**

そこで、次ページの棚卸し表にしたがって、あなたの運気を下げてきた習慣、自分の運気の足を引っ張っている言動はいったい何かを書き出してみましょう。

さて、自分を棚卸ししてみてどうでしたか。いくらいいことをやろうと思っても自分の運気を下げている部分に気づかないと、すべては相殺《そうさい》されてしまいます。

「ありがとう」と言いながら「疲れた、めんどくさい、ウザい」などと言っていたら元の木阿弥《もくあみ》です。まずはあなたの悪しき口癖をやめなければいけません。「ツイてる」と言いながらため息をついているなら、そのため息をやめなければいけません。

もしやめるべきことがわからないという人は、私が師匠に言われた3原則

自分の棚卸し表

あなたの運気を下げてきた習慣、自分の足を引っ張っている言動を書き出してみましょう。

1

2

3

4

5

「否定的な言葉を一切使わない」「不機嫌禁止」『ありがとう』という言葉を口にする」を棚卸し表に書いてもいいと思いますよ。

人生を変えるための3つの選択肢

自分がやめるものを決めたあとは、「自分はどうなりたいのか」を考える番です。とはいえ、どうなりたいのかがわからないという人が実はたくさんいます。

そういうときは、「本当に自分があこがれている人のようになりたい」でいいんです。

私の場合は人生に切羽詰まっていましたから、まずは尊敬する方の本を読みまくり、CDを聴きまくり、講演会に行って師匠に出会うことから始めました。最初に1年半ずっと小林正観さんのそばにいさせていただき、結局3年間お世話になったのですが、その後も多くの師匠に出会ってきました。

以前、「柴村恵美子さんみたいになりたいんです」という女性がいました（編集部注：柴村さんは斎藤一人さんの一番弟子で、1997年には全国高額納税者番付で大阪府の3位。華やかなファッションで元気いっぱい全国各地で講演している）。

私はその女性に、なりたい人が決まっているのなら彼女の追っかけになり、柴村さんの話している言葉や表情、口癖、思考回路、空気感、ボディランゲージを完コピすればいいのだとお伝えしました。

あこがれの人のそばにいれば、その人の波動に近づいて波動干渉が起こります。そこでインスパイアされ、自分に足りないものがどんどん足されていくのです。

架空の人物でもかまいません。もしウルトラマンにあこがれているなら、まずはアマゾンで衣装を買ってください。

私は「師匠にしたい人の条件」というものを決めています。なんて生意気な弟子なのでしょうか？（笑）　この条件だったら師匠にさせてあげるよ、というなんとも上から目線での弟子入りです。でも、それが私のあこがれる条件なのです。

その条件とは3つ。**「話がめちゃくちゃシンプルであること」「その人の話を聞いたときに即実践したくなること」「誰にでも優しいこと」で、話は回りくどくなく常にシンプルで、聞いたとたんに実践したくなる。**

そして、人に優しいというのは、自分より立場の弱い人にも親切で優しいということです。ココにその人の本質が見えるのです。

たとえば、レストランに行ってウエイトレスに「水だよ！　早く持ってこい！」と威張る人がいると思います。そうではなくて「お水を持ってきていただけますか」「持ってきてくれて、どうもありがとう」と、いつも優しく接する人のことです。

私はこの3つの条件がそろっていれば、いつでも師匠と呼ばせていただきます。そして、そばにいてすべて吸収させていただきたいのです。

師匠とお呼びして、それをマネて、自分の運気の軸とする。まさに守破離《しゅはり》ですよね。

さぁそこで、あなたがあこがれている人、なりたい人を探してみましょう。

次ページにその人の名前を書いて、「なりたい理由」「その人の格好」「その人がよく使う言葉」「その人の表情」「その人の動作」「その人の周りにいる人」などを書き出してみてください。

私はメンターと呼べる師匠に出会えて人生を変えられたので、尊敬できる人を見つけなさいと言いましたが、「私の周りにそんな人はいません」という人は、別にそれでかまいません。私は、なりたい人のそばにいて勉強していくという生き方と、自分自身の経験、体験を重ねながら向上していくという2通りの生き方があると思っています。

この他に第3の選択をする生き方もあります。**すべて100パーセントお任せという世界。「自我＋お任せ＝100」という方程式があります。**

この式で、自我の部分をいかに少なくしていくか、**そして究極は、「0（自我）＋100（お任せ）＝100」の世界です。**洋服は誰かに選んでもらう、髪

あこがれている人、なりたい人を探してみましょう！

あこがれる理由と、その人の格好・言葉・表情などを書き出してみましょう。

名前

1

2

3

4

5

型はプロのお見立てでという感じで、自分の主張はゼロにしてみる、すべてを他人に委ねてみる。それこそが想定外の世界へ連れて行ってもらえる近道なのです。

私は眼鏡を買うときに、センスの良さそうな店員さんに似合いそうな眼鏡をいくつか持ってきてもらって、鏡を見ずに店員さんだけ見て眼鏡をかけていきます。店員さんが「とてもお似合いです」と言ったら、「ではこちらをお願いします」と言って購入します。

店員さんもビックリしますが、あとで眼鏡をかけて鏡を見ると、これまでにない自分がそこにいたりします。

様々な選択をその道のプロであるしかるべき人にお願いしてみることで、想定外の世界へ連れて行ってもらえるのです。

今では2年ごとに引っ越しをするのですが、日付、時間、引っ越し先までも師匠に決めていただいています。そのお陰かは分かりませんが想定外な世界を見られていることに感謝しかありません。感謝。

すべてのことを誰かに決めてもらう訳ではなく、要所要所で誰かに委ねて決めてもらう選択肢を入れてみてはいかがでしょうか？　夢も希望もなく、あこがれている人もいない、それでもとにかく人生を変えたいという人は、自分を完全に想定外の方向に振り切ってみてはいかがでしょうか？　すべて想定外、何もかも想定外。自分のことは自分で決めず、宇宙にお任せという生き方もありなのではないかと思うのです。

そんな人は、100パーセント委ねて実践するのみです。実際に、振り切った人ほど「人生が変わりました」という報告を私にしてきてくれますから。

人の心はそう簡単に変わるものではない

私はあれこれ考えず、師匠に言われたことは人体実験と称して実践してきましたが、そこでわかったことがあります。それは、**何より先に「今使っている言葉を劇的に変える」のが重要ということです。**

有名な教えとして、こんな格言があります。

心が変われば、態度が変わる
態度が変われば、行動が変わる
行動が変われば、習慣が変わる
習慣が変われば、人格が変わる
人格が変われば、運命が変わる
運命が変われば、人生が変わる

とても素晴らしい格言です。でも、最初の「心が変われば〜」という部分が、人間にとって一番難しいと感じたのです。たしかに、心が変わればいいのですが、これまで悪態をついて生きてきた人間がいきなり心を入れ替えるのは、かなり至難《しなん》の業《わざ》です。

私は地元の友達に「おまえは仲間の内で一番先に有名になる」と言われていましたが、それも「新聞をにぎわす悪さをして」ということでしたし、心を変えるなんてそうそうできるものではありません。とにかく人生を変えたいという一心で、師匠に言われたとおりに「言葉」を変えたのです。

ですから、私は知っています。心を変える前に、今自分の言っている言葉を変えるしかないことを。

『新約聖書』の「ヨハネによる福音書」冒頭に、こう書いてあります。

「はじめに言葉ありき」だと。

そのことに気づいて、さきほどの格言をこう書き換えてみました。

言葉を変えれば、態度が変わる
態度を変えれば、行動が変わる
行動が変われば、習慣が変わる
習慣が変われば、心（人格）が変わる
心が変われば、運気が変わる
運気が変われば、人生が変わる

心や人格は簡単には変わりません。いい言葉を口ぐせにして行動が変わり、それが習慣となり、はじめて心（人格）が変わっていくのです。

ですから、心が変わらずとも、まずは自分の口から出てくる言葉を劇的に変えてみてはどうでしょうか？

この章の冒頭で、まずは何をやめるべきかを考えてもらいました。悪口を言ってしまう人には、それをまた言いたくなるような現象が必ず降りかかってくるのです。

私は愚痴や悪口を言っている人でツイている人を見たことがありません。

言葉を変えることを3日間だけでもいいので試しにやってみてください。何かが変わります。

そのときに、自分の口ぐせを決めておくといいと思います。私の場合なら「最高だな」です。斎藤一人さんなら「ツイてる」、私のユーチューブ動画でいつも隣で掛け合いをしてくれる相棒の邪兄《ジャニー》さんは「幸せだな〜」といつも言っています。あなたも自分の口ぐせを、ここで決めてしまいましょう。

【言葉を変える私の口ぐせ】
私はいつも「　　　　　　　　　　　　」を口ぐせにします。

毎朝1分「1人会議」で1日を意識する

何をやめるか、そして、**口ぐせを変えることは自分との約束事**です。人間は自分との約束をすぐに忘れる生き物ですから、一番難しいのは継続すること。最初は意識しないと中途半端で終わってしまいます。

結局は習慣にならなければ心は変わりませんから、人生も変わりません。運気の高い人はいい習慣をいくつも持っています。そんな人でも、最初は意識してやり始めたはずです。ただ違うのは、習慣にしようと思ったことを自分との約束事として守ったことだけなのです。

自分との約束を必ず守るという強い意志があればいいのですが、すぐに忘れ

て続かないんですという人には、私はいつでも意識できる方法をお伝えしています。

それは、**自分との約束をスマホの待ち受け画面にする**ことです。あとは仕事で使うパソコンのデスクトップ画面に設定したり、大きめの付せんをディスプレイに貼り付けておくのもいいかもしれません。とくにスマホは、現代人は1日に300回見ると言われていますから、嫌でも目に入ります。とくにルールはありませんから、自分がよく目にするところに書いておけばいいと思います。

約束事が多いと忘れてしまうので3つくらい出しておけばOKです。

たとえば、「否定的な言葉は使わない」「元気よく挨拶をする」「笑顔でいる」と書いて、最低でもその3つは自分との約束として意識して1日を過ごすのです。

また、**毎朝これを見て、今日1日どう過ごすのかを確認します。これが「1人会議」というもので、とても大事なことです。**できれば書いたことを口に出して読むと、潜在意識に入り込みます。

そして夜寝る前に、「今日1日笑顔でいられたかな」「きちんと挨拶はできたかな」などと、もう一度、1人会議をするのです。

1人会議といっても、朝1分、夜1分でもいいのです。朝はこれから過ごす1日のための意識づけ、夜は確認することによっていろいろな気づきが生まれます。今日1日で何か気づいたこと、見るもの・聞くもの・会うものすべてが気づきですから、夜の1分の反省会だけでも習慣にすると人生が変わるのです。

そして3カ月も続ければこの3つの約束も習慣になっていることでしょう。

そうしたら新しい習慣を3つ書き出してみる。そうすれば、あなたにとってのいい習慣がどんどん増えていきます。

口ぐせが変われば、人格が変わる

さまざまな準備が整うと、さあこれで運気の高い人に出会う確率が高くなりました。準備ある者には宇宙からのメッセージが降りてきます。

たとえば、自分がなりたい姿が思い浮かばない人でも、準備をしておくと同じ波動の人に出会えるようになり現実に現れてくるものなのです。例えばひょんなことから「今度、こんな人が講演会をやるんだけど、一緒に行かない？」といったお誘いが来るなどのきっかけが訪れるのです。

普通はこういったきっかけが小さなサインとして日常生活に満ちあふれているのですが、準備ができているからこそ、そういったことに引き寄せられるのです。

つまり、私が小林正観さんに引き寄せられたように、そういう機会が必ず訪れるということです。

そのサイン通りに素直にすぐに動くことを習慣とすれば、いつの日か必ず然るべきタイミングであなたの運命を変える人とのご縁がやってくるのです。しかし、運命の人に出会っていてもすれ違うだけで終わってしまう人もいます。

言い換えれば、出会うことができるだけでは意味がありません。会うこと自体が最終目標ではないからです。**本当の目的は「出会うべき運命の人と仲良くなる」ことですから。**

まずは出会えることが大前提ですが、そこで仲良くなれるかどうかはまったくの別問題です。自分が探し求めていた人に、運命の出会いをしたときには、相手にとっても自分が魅力的で、出会いたかった存在でなくては釣り合わないのです。

自分にとってすごく魅力的で憧れる存在に出会えたときには、相手にとって自分も同じように思ってもらえるような波動共鳴ができることが理想です。

つまり、その出会いをきっかけに、お互いに魂を高め合える存在である必要があるということなのです。

だから、波動の高い人と仲良くしたいのであれば、そのための準備が必要です。理想の運命の人に適う自分になるための小さな実践を積み重ねていきましょう。

今の自分では想像もつかない運命のその人に出会うのは、すべてがタイミング。そのしかるべきタイミングはいつやってくるかわかりません。ですから、いつその時が来てもいいように準備しておくのです。

ということで、振動数を増やして運気を上げる準備が整いました。

そうです。あとは実践していくのみ。これまで私自身が人体実験を通して、「これは間違いない」と確信した実践法を伝授していきましょう。

あなたにも必ず世界のどこかで、あなたに出会えるのを待っている人がいます。

第3章

あなたの運気が確実にアップする3つの実践法

神様がえこひいきする人の特徴

これから具体的な実践に入る前に〝大前提〟があります。

それは「**実践するときは下心から始めてよい**」ということです。

「ちょっと待ってくださいよ。先ほどから『振動数を多く』とか『内面を磨くしかない』とか言っていたのに、実践するときの動機が下心でいいだなんて」

そう思ったあなた。私たちは未熟な人間であって、聖人君子ではありません。

そもそも結果が出るかもわからない段階で、真面目にコツコツと実践し続けることは案外難しいものです。それができたら苦労しません。

昔話で、お寺に修行に出された小坊主がさんざんいたずらをしたり、お供え物を食べてしまったりして和尚《おしょう》さんに叱られるなんていうのがありますが、それと同じで、いきなり高僧などにはなれないのです。

ユダヤの格言でも説明した通り、人間はいきなり心、つまり思考癖や習慣を変えることはできません。ですから、実践さえできるなら、初めは損得勘定でもいいのです。私がトイレ掃除を始めたきっかけは、「トイレ掃除をすると臨時収入が入る」と師匠の本に書いてあったからです。当時の私は、どうしてもお金が欲しかったから、それを読んですぐさま本を放り投げてトイレ掃除をしました。頭の中は「臨時収入、臨時収入」という言葉でいっぱいで、まさに下心しかありませんでした。

そもそも損得勘定は何か悪い意味にとられがちですが、人間はそういう単純明快な目的がないと動けない生き物です。だから、心は真っ黒でもいい。邪心、野心、下心は大いに結構、実践しなければ意味がないのです。

そんな気持ちでトイレ掃除をしてもいいのかと、心配になる人もいるでしょう。でも大丈夫です。

神様は「80億人いい人化計画」で動いているので、いずれは全員いい人になってもらいたいと考えています。なので、えこひいきしたい人を探しているのです。どんなに心の中が未熟でも、神様は素直に実践する人が大好きです。向

上心を持って行動したり、いい人になろうと努力していたりする姿を、上からご覧になっていて、すごく喜んでいるのです。

世界にはたくさんの人がいますが、そんな健気な人たちは、神様から見てすごく光って見えるのだそうです。だから必然的に、目立っているそういう人たちが、えこひいきされることになるのです。

ですから、たとえ嫌な気分になってブスッとしてしまったときでも、「あっ、ヤバいな。運気が下がって神様にえこひいきしてもらえない」と思って笑顔に戻せばいいし、心からありがとうと思っていなくても、えこひいきしてもらうために言葉だけ口にすればいいのです。

すべては実践を習慣に変えるため。だから最初は「心が真っ黒」でいいのです。

運気を上げる3つの条件「環境・感情・人間関係」

人間、いきなり聖人君子になることはできません。しかし、運気を上げるために下心から始めていいということならば、かなり楽に実践できるのではないでしょうか。

では、これから振動数を増やして、運気を上げていくための実践法を解説していきますが、そのための条件が3つあります。

それは**「環境を変えること」「感情のコントロール」「人間関係を変えること」**、この3つです。

まず、環境を変えることですが、これが最初に実践しやすいことでもあり、自分の身の回りを変えることをしていきましょう。まずはあなたの部屋の環境を劇的に変えていきましょう。環境が変われば、目の前の景色がガラリと変わります。

最初に質問です、あなたの部屋の床面積は広いでしょうか？　余計な物で床を占領してはいませんか？　床面積を広げることに命を懸けてみて下さい（収納に隠すのではなく捨てて下さい）。床面積を広げ、物を劇的に手放す実践をした多くの人たちからの奇跡のような出来事があったという報告は枚挙《まいきょ》にいとまがありません。

「臨時収入があった」「金運がアップした」「新しい人との出会いがあった」「会社が過去最高の成績を挙げた」「本当の自分に出会うことができた」など、私のところに多くの声が寄せられています。実際に、私自身も人体実験をして間違いないと結論付けた方法です。

次に感情のコントロールは、何より宇宙からのメッセージを受け取るための一番の近道です。感情のコントロールは人間にとって永遠の課題です。**まずは**

不機嫌な時間を短くしていくことから始めましょう。

それを実践してからの私は、いつしか人生が宇宙に導かれていくかのように直感がさえてくるようになりました。

感情を変え、それをコントロールすることは、とても難しいことだと思います。仕事をしていても必ず嫌な人や苦手な人はいるものですし、生きていれば嫌なことや怒ること、悩むこともあります。

あまりストイックにならずに不機嫌な時間を減らし、ご機嫌な時間を増やす実践を続けるしかありません。自分の機嫌は自分でしか取れないのですから。

最後に、人間関係を変える実践ですが、これはこの本のテーマでもある「ご縁」につながっていきます。いい縁をつくるには先の2つを変えていくことが前提条件になりますが、どうしたらお付き合いしたい人と仲良くなれるのか、どうしたら縁がつながっていくのかということを、あくまでも具体的な実践法としてお伝えします。

もちろん読んでいて、いてもたってもいられなくなったら、この本を放り投げて実践を開始してください。

そうした人を神様はいつも探しています。

ひときわ輝く蛍は、神様だって見つけやすいですから。

運気を上げる実践その1「環境を変える」

環境を変えるには、まずは「身を置く環境の振動数を上げる」ことです。言い換えれば、いかに空間の波動をよくしていくかということになります。

物でも場所でもすべてに波動があります。いい波動もあれば悪い波動もある。ということは、自分の身の回りの振動数を上げていくことが、運気を上げる一番の近道ということです。

では、どう環境をよくしていくかというと、一番大切なのは「家」です。家に物が多く汚れていると波動が下がり、自分の振動数も下がっていきます。これを波動干渉と言います。また、一緒にいる家族も振動数が下がっていきますので、互いに波動干渉し合い、汚い家では喧嘩や悪口が絶えなくなります。夫婦喧嘩が多い家庭では、大半の家は物が雑多で、ほこりも多く健康を害していきやすいのです。私が数々の成功者の家に行った結果、ほぼすべての家がピカピカに輝いていました。成功者は、家の中の状態と運気が直結していると知っているからなのです。

そして、もう1つ大事なのは、そうした家はとにかく物が少ないということ。ここで言う環境を整えるとは、家にある物をいかに少なくしていくかということです。『全捨離したら人生すべてが好転する話』（フォレスト出版刊）でも述べましたが、物を捨てられない執着というものは神様は好きではありません。当然、振動数が上がることはありません。

そこでお伝えしているのは、「**使わない物は捨てる**」「**床面積を広げる**」「**床を磨く**」という3つだけです。詳しいことはのちほど説明しますが、とにかく身の回りの環境を整えて物を手放していくことが運気を上げるために必要です。

その中でも**重要視して欲しいのがトイレ掃除なのです。**

また、身の回りを整え環境をよくしようとしても、会社や学校が汚いという場合があります。会社や学校で過ごす時間は家に次いで多いかと思います。なので、ここも環境を整える必要があります。

しかし、多くの人が使っている場ですから、他人の領域まで勝手にきれいにすることはできませんので、最低でも自分のデスク周りだけでもきれいにする、トイレを使ったらサッと掃除をするなど、身の回り1メートルくらいはキレイにしておきたいものです。

あとは服装も、環境を整えるという部分に入ります。神様は見目形《みめかたち》が美しい人が好きですから、やはり美しくいようという美意識は大切です。これは可愛いとかイケメンであるということではなくて、清潔感と美意識が大事だとお伝えしています。

縁ということで言えば、モテる男性の条件もモテる女性の条件もランキング1位は「清潔感」ですから、高級な洋服ではなくてもいいので、常に清潔感あふれる洋服を着て欲しいものです。新しくキレイな服を着ていると自然とテンションも上がります。それだけでも波動が上がっていくのです。

ですので、私は服の使用サイクルはなるべく速くしています。下着なら1カ月に1回はすべて取り替えます（これは提唱しているわけではありません。私がそうしているだけです）。洋服も「もう着ることはないな」と感じたら手放すか欲しい人がいれば誰かにあげてしまいます。少なくとも1年ですべて取り替えてしまいます。

先ほどの「使わない物は捨てる」というルールにものっとっているのですが、これは、捨てないかぎり新しい物は入ってこないという「宇宙の法則」を常に意識して生活しているからなのです。

何より大切なのは家の波動を上げること

家の波動を上げるためには、物を徹底的に捨てることです。言うなれば、使っていない物はすべて捨てる。私はこれを**「全捨離」と言っていて、家の中の使っていない物の8割を捨ててみたらどうですか？**と提案しています。

なぜ8割の物を捨てるのか。これには主に3つの理由があります。

まず、家の中には気がめぐっており、物が多いとその気が循環しないからです。また、物であふれ汚いと邪気がうごめきます。つまり、気が循環しないばかりか運気まで下げてしまうのです。

2つ目は、物には魂が宿り波動というものがあり、大切に使われてこそよい波動を生み出すのですが使われず放置されたままだとマイナスの波動を発するからです。「なんで私を使ってくれないの?」と常に持ち主にメッセージを送っているのです。

でも、多くの人は捨てるのがもったいないと、使わない物を捨てられずにいます。それゆえに、使われない物は役割を果たせず、彼らから発せられるマイナス感情の波動が運気を下げていきます。

実は物にも輪廻というものがあり、使われず役目を果たせないよりも手離されて新しい使われる物に輪廻したいと思っているのです。

「物を大切にしなさい」と小さい頃から言われてきたと思いますが、それは大切に使う物に対してであって、使わない物は手離すくらいの気持ちでいるのがいいかと思うのです。

その使っていない物が、おそらく8割くらいあるはずです。全捨離では「8割の物を手離してみてはどうですか？」と提案しているのです。

そして3つ目ですが、物への執着を神様は嫌うからです。これがもっとも重要です。

物を手離すのにはときには勇気が必要です。人はなかなか手離すことができないものです。

なぜ捨てられないのかという前に、家の中を今一度よく見渡してみてください。なぜ人は使わない物を平気で買ってしまうのでしょうか？　それは物欲から離れられないからです。たとえば、アマゾンで買った物が家に届き、箱を開けてみると「あれっ、なんでこんなの買っちゃったんだろう」と思うことはありませんか？　以前の私がそうでした。夜中にサイトを見て、「これ欲しい」と購入ボタンをポチッと押してしまった結果です。そのときは欲しいと思っても、実際に家に届いたときには後悔したりします。

とくに物が多く、汚れた家などは邪気も多く入られやすいのです。

人は物欲によってどんどん物を増やしていってしまうのですが、今度は物を捨てることができません。それが人間の持つ「**執着**」というものです。

これがもっともやっかいなもので、出家した僧が悟りを開くために修行する中で最終的に克服しなければならないのが、この執着といわれています。

そして、この執着をもっとも嫌うのが神様なのです。物を手離せないというのは執着ですから、執着が強い人には神様が味方してくれるはずもなく、当然、運気を上げるのが難しくなるのです。

「物を捨てる（執着を捨てる）↓神様に味方される↓運気が高くなる」

この順序にしたがって、まずは物を捨ててください。

そこで先ほども言った通り、全捨離には基本的ルールというものがあります。

1．使わない物をすべて捨てる（8割捨てる）

2．床面積を広げる

3. 床を磨く

たったこれだけのシンプルなルールです。

1については説明しました。どうせやるなら、まずはゴミ袋を100枚くらい買って、使わない物をブルドーザーのごとく、片っ端からゴミ袋へ入れていきましょう。そのとき「もしかしたら使うかもしれない」「もったいないから取っておこうか」などと逡巡せずに「使ってる、使ってない」と瞬時に、否《いな》、もう何年も見てもいない物だったら即座にゴミ袋行きです。

とくに押し入れに入れっぱなしの物な

ど、このままだと一生押し入れに入ったままの物も必ずあるはずです。思い切って手離してみてはどうでしょうか？

使わない物がきれいさっぱりなくなったあと、次にすることが「床面積を広げる」ことです。私はこれまでに多くの大大富豪の家を訪ねてきましたが、もう例外なく床が広い。彼らはそれが運気を上げるルールだと知っているのです。

では、**なぜ床面積を広げると運気が上がるのか。それは「床＝自分自身」だからです。**

床に物を置いてしまう人は、自分自身を隠してしまいます。つまり、本当の自分が出せないのです。気が回っていかないのはもちろんのことですが、床面積が狭いと本来あなたが持っているポテンシャルや才能を存分に発揮することが出来ないのです。

人間には本来の自分というものがあります。人生において大事なのは、この本当の自分を持っているということです。本当のあなたは無限の可能性に満ちています。そうした偉大なポテンシャルをみずから隠して見えなくしてしまっているのです。

その可能性にみずから蓋をしてしまっては、運気の芽を自分で摘んでしまっているようなものです。ですから、どうしたら床面積を広げられるだろうかと考えることです。

リビングのサイドボードはいらない、食器棚も捨ててしまう（それほどたくさんのお皿やコップ、茶碗は必要ありません）、使わなくなった子どもの勉強机もいらない、溜まった本を捨てる際に本棚も捨ててしまう……など、とにかく床面積を広げることに命をかけるくらいにやってみてください。

私が全捨離をした際には、床面積を大きく妨げるソファー、食器棚、洋服ダンス、机、本棚、ベッドをゴミと一緒に業者に持って行ってもらいました。なにせ振り切りましたから、2日間で家の中にはほとんど何もない状態。そこには別世界が広がっていました。

その先にある光景はまさしく想定外の世界そのものです。

そして最後に、床を磨き輝かせることです。これは先にも言ったように床は自分自身の本当の姿。それを毎日磨けば、どんどん自分が磨かれていきます。

以上が、家の中の波動を上げていく方法です。
シンプルにまとめると、次のようになります。

「物を手離す↓掃除をする↓キレイな状態をキープする」

この中で、やはり一番難しいのは物を手離すことでしょう。8割を捨てる勇気を持って実践すれば、あとは掃除をしてそれを保つだけです。
全捨離をすると想定外な世界が待っています。あとは0か100。出来る範囲で全力で振り切っていただきたいと思います。

何年も引きこもりだったある女性が本気で変わるためにした決断

あるとき、私の講演会にお母さんと娘さんの2人が来て、講演会が終わったあとに壇上で悩みを相談されたことがあります。

実は、娘さんがずっと引きこもりで、私の講演会のために家を出たのも何年振りかだというのです。もう娘のことを助けたくて、お母さんが半ば強引に娘を連れ出したわけです。でも、実は娘さんも「自分を変えたい」という思いが強くあったそうで、家から出て社会復帰したいと望んでいました。

そこで私は娘さんに「本当に人生を変えたいの？　引きこもりを治したいの？　どんなことをしても変わりたいの？」と聞くと、彼女は「はい」と答えました。

その原因を探ろうとすると、お母さんが娘さんの部屋をスマホで撮った写真を見せてくれました。

いや、圧巻でした。

娘さんの部屋の写真には、それこそ数え切れない、おびただしい数のキティちゃんがいたのです。

聞くと、その数1000体以上。もうキティちゃんコレクターとしては一流に入るくらいです。

私はその写真を見て、娘さんにひと言、こう言いました。
「キティちゃん全部手離してみようか？」

私は講演会などでもよく言っているのですが、人形やぬいぐるみは邪気を吸いやすいのです。大切にしている分には構いませんが、必要以上の人形たちには要注意です。

彼女の場合は自分の部屋に1000体もの人形がひしめき合っており異様な空間を作ってしまっていました。

日常生活の中で溜め込んでしまったマイナス感情を人形たちが吸ってしまい、その影響で引きこもり、鬱になってしまっていたのかもしれません。ですが、彼女の「自分を変えたい」という強い思いが、ようやく1000体以上のマイナス感情に打ち勝ったのです。

そうであれば、次にするべきことはキティちゃんをすべて捨てることです。これまで、小さい頃からキティちゃんが大好きで、コレクションとして大事にしてきたのでしょう。それを断ち切ることは本当に勇気のいる決断です。

でも、彼女は人生に切羽詰まっていましたから、キティちゃんすべてを自分でヤフオクで売ったそうです。

それから1カ月後、彼女からメールが来ました。

「あれから気分も良くなり体調も一気に良くなり、社会復帰することが出来ました！」

彼女は本気で変わりたいと思っていたのでしょうね。捨てる勇気とは大変なものだなと感じた出来事です。

もしかしたら同じような環境で苦しんでいる方がいるかもしれません。ぜひこのお話をシェアしていただけましたら幸いです。

トイレ掃除はマスト。トイレは宇宙につながっている

私の世界観ですが、トイレをキレイにせずに開運したいと言っている人は愚の骨頂なのです。

なぜならば、トイレは宇宙とつながっていて、**神様が鎮座《ちんざ》しておられるから**

です。その名も「烏《う》枢《す》沙《さ》摩《まみょうおう》明王」様。

なんでトイレに神様がいるのか。烏枢沙摩明王様には「この世の不浄なものを浄化する力」があるとされており、昔から寺院のトイレに祀《まつ》られていました。

おばあちゃんが言っていた、あの「トイレには神様がおるんよ」という名言は本当で、「烏枢沙摩明王様＝トイレの神様」なのです。

ただし、明王様は汚いトイレにはおられません。ですから、トイレの汚い家では明王様が宇宙と通信してくれることはないのです。いくら家をきれいにして波動を上げても、いくら運気が上がるいいことを習慣にしても、トイレが汚いのでは、家の守り神、守護神でもある烏枢沙摩明王様は出て行かれてしまうのです。

まずは、トイレがピカピカであることが必要なのです。

しかし、トイレ掃除をしたことがないという家のトイレは、それはもう積年の汚れで簡単にはピカピカな光を取り戻すことはありません。そこで私は、最初にトイレ掃除の専門業者を呼んで掃除してもらうことをお勧めしています。

だいたい1万円くらいで、引っ越してきたときと同じピカピカな状態にしてもらえます。

便器の内側の取れない水垢もほこりだらけの換気扇も全部きれいにしてくれます。

あとは毎日その状態を保つのに、朝の3〜4分くらいの掃除ですみます。

私は朝の用を足す際に、便器の中と外、トイレの掃除すべてをしますが、すでにきれいでそれを保つだけですから5分あれば十分です。

最初の1万円を惜しんでいる暇はありません。自分の運をよくしたいなら安いものです。

きれいなトイレに生まれ変わると烏枢沙摩明王様は戻ってきてくれますが、また少しでも汚れるとすぐに出て行かれますので注意してください。明王様は分身の術を使えますので、家に2つトイレがあれば2人いてくださるのです。

私はトイレのドアを開けるときは挨拶をして入り、出るときも挨拶させていただきます。いつもエコひいきしていただいていると実感しているからなのです。夜には「今日は、こんなことがありました。素晴らしい1日をありがとうございます」など。

トイレ掃除の奇跡を体験してしまうともうやめられなくなります。この奇跡を体験するためには常にトイレをキレイにすることと烏枢沙摩明王様をどれだけ敬っているかに尽きます。元々は、トイレ掃除をすると臨時収入が入ってくると損得勘定で始めましたが、これ程までに奥が深いとは思いもしませんでした。

はじめのうちは「臨時収入臨時収入」と実践をしていましたが、そのうちにそんな邪心は消え去り、気が付くと「そこにトイレがあるから」という心境になっていたのです。

実践を繰り返して気付いたことは**トイレ掃除をすると臨時収入が入ってくるわけではなく、一番欲しいものが手に入るということです**。一番欲しいものがお金であれば臨時収入が入ってきます。私の場合は臨時収入が欲しくて始めましたが、入ってきたのはお金ではなくご縁だったのです。潜在意識の中ではお金ではなくご縁が欲しかったのですね。私の一番欲しいものは、運気の高い多くの師匠に出会うことだったのですから。

このことを知ってしまったら、もうトイレ掃除をしたくなってそわそわし始めていませんか？　ならば、今すぐこの本を置いて、トイレに駆け込み一心不乱に磨いてみてはいかがでしょうか？　あの日の私のように（笑）。

事例

振り切ったある女性がファミレスでしたこと

私はある女性と2人で、東京・町田のファミレスでハンバーグを食べていました。彼女は当時、ドン・キホーテでポップ書きをしていた人で、雑貨店を経営していた私は彼女にポップ書きの指南をしていました（実は私はポップ名人です。その理由は、前著『金運がアップするすべての方法を試してみた』で書いています）。

そして、流れから彼女の悩みの話へと移っていきました。

「私、片思いなんですけど好きな人がいて……。どうやったらその人と付き合うことができますか？」

「それならまずはトイレ掃除でしょ」

「トイレ掃除⁉」

「そうだよ。トイレには烏枢沙摩明王という神様がいらっしゃって、自分の欲しいもの、夢や願望を叶えてくれる神様だから。もし本当にその人と付き合いたいと思っているならトイレ掃除を習慣にするといいよ」

「そうなんですか。でもそれって素手とかでやるんですか」

「素手じゃなくっていいよ、ブラシでもなんでも」

「わかりました。私行ってきます！」


——行ってきますって⁉

彼女は食べていたハンバーグを放ってトイレに走ったのです。

しばらくして彼女が帰ってきました。

「櫻庭さん、素手デビューしちゃいました！　なんかもう感動しちゃいました」

そう言って、握手を求めて私に手を差し出してきました。

——おい、手が濡れてるよ……。

「それ、手を洗ったの？」

「あっ、手を洗うの忘れていました」

彼女のトイレ掃除のデビュー戦がいきなりファミレスです。

もうアホというか、振り切り方が半端じゃない。

その後、片思いの男性の方から告白され無事に付き合うことが出来たのは言うまでもありません。

願いが叶うすごい方法。それが「トイレ願文」

トイレ掃除はなぜか宇宙と繋がっているようで、その効果は絶大です。先ほどの事例は「町田ハンバーグ事件」として、トイレ掃除界では伝説（？）となっている話です。

私は一度、人体実験として「人はトイレ掃除だけで幸せになれるのか？」という『進め！電波少年』（編集部注：日本テレビで放送された実験バラエティ番組）のような企画をしたことがあります。

うちの社員の吉田君で実験してみたのです。彼は本当にモテない男で、毎日振られる日々を過ごしていました。あっ、毎日振られることがあるんですか？ というご質問に対してお答えしますが、「毎日」は誤字ではありません。毎日振られることが彼にはできたのです。

たとえば、ファミレスに行ってウエイトレスさんがおしぼりを持ってくると、「あの娘《こ》、僕に気があるんじゃないですか？ さっき目を見ておしぼりを渡してくれました」と一目惚れをする、かなりヤバい性癖《せいへき》を持っているのです。言うなれば、どぶろっくの妄想そのものです（どぶろっくをご存じない方は検索すれば動画があります。妄想下ネタ歌を歌う芸人コンビです）。

あるとき吉田君から、またフラれました、と泣きながら電話が来ました。えらく落ち込んで、もう生きてはいけないなどと言い出す始末。私も忙しかったので、そんなに泣き言を言う暇があったら、駅前のそごう（デパート）に行って地下から屋上までトイレ掃除でもしてくれれば？　と提案したのです。すると彼は「行ってきます！」と、本当にその百貨店の全箇所、トイレ掃除をして帰ってきました。尊敬すべき素直な男です。

「社長！　言われた通り、トイレ掃除を完了しました！」と電話が来たときに私は確信しました。「ああ、この男は必ず成功する」

吉田君が本当に欲しかったのは、愛し合えるパートナーだったのです。彼は結局、一目惚れをした理想的な女性と結婚できることになりました。

こんな例は数え切れないほどあるのですが、なかなか他人様のトイレを掃除したがる人はいません。

私は居酒屋など出先で、自分が使わせていただくついでに、掃除をさせていただくようにしてはいますが、自分の汚した分よりは必ずキレイにしてから出るのがマナーだと思います。それにも抵抗があるのなら、せめて自分の家のトイレを掃除して、いつもきれいにしていただければと思います。

そして、いつもトイレをピカピカにキレイにしているあなただけに、夢や願望を速効で叶えるとっておきの方法を教えて差し上げましょう。

それが「トイレ願文」です。

これは「願文流し」（編集部注：願文流しについては『世の中の運がよくなる方法を試してみた』に記載）のトイレ版。願文流しはいろいろとルールがあるのですが、**トイレ願文は、自分の夢や希望をトイレットペーパーに書いてトイレに流すのです。**

「烏枢沙摩明王様へ」から始まり「夢や希望や願望」を現在完了形で書き（○○が叶いました。ありがとうございます）、「自分の名前」を書きます。

これは烏枢沙摩明王様へのラブレターなのです。ラブレターですから、あくまでもお礼文であって「お金持ちになりたい」という願望を書くのではなく、

「なっちゃいました。ありがとうございます」という形で、とにかく明王様に愛を込めて書くのです。

シンプルな方法なのですが、絶対条件が1つあります。もうおわかりのことと思いますが、「トイレは絶対にきれいじゃないとダメ」です。

いい運気を取り入れるためには、玄関は重要な場所

家の空間を良くしていくという実践の基本に、**「玄関をきれいにする」というものがあります。なぜ玄関にこだわるのかというと、玄関は気の通り道だからです。**

良い気というのは「旺気《おうき》」という運を良くしてくれる強力なエネルギーを持っています。ですから、玄関がきれいな家ではこの旺気が人の運気も上げてくれます。いわば、循環を良くしてくれる気です。

旺気はエネルギーですから、玄関が閉まっていても問題なく流れ込んできます。どんな家も、運気の入り口は玄関なのです。そこに余計な物がたくさんあ

ったり、汚れていたりしたら、大切な良運は入ってこられないということです。家の中を良い運が回るようにするためには、常に良い気が玄関から入るようにして、循環させていかなくてはなりません。

ですから、玄関はとくにきれいにしておくべきです。できれば何も物を置かない玄関が最高です。ご法度《はっと》なのは玄関に靴を散らかしたままにしておくこと。靴底は邪気も一緒に連れて帰ってきています。邪気を玄関に放置しておけば旺気は入ってきません。靴は下駄箱にしまって、下駄箱も定期的に掃除してください。

私の講座を受けている受講生の間では、下駄箱に人工芝を敷いておく人がたくさんいます。外から入ってきた邪気を取り、こまめに洗えるので重宝するのです。これを私は「ラグジュアリー下駄箱」と呼んでいて、受講生内では「ラグ下駄」で通っています。

もちろん、ここでも1つ絶対条件があります。それは家の中、とくに床に物を置かないこと。せっかく旺気が入ってきても物が多いと滞留してエネルギーが循環しません。運気を上げるためにも、1に物を手放す、2に床面積を広げる、3に玄関から旺気を取り込む（トイレ掃除はマスト）という順で始めてください。

環境を変えると「場の波動」もよくなっていく

こうして**家の中の環境を変えると、自分の運気だけでなく「場の波動」も高くなっていきます**。波動はエネルギーですから、場の波動がよくなるとそこにいるだけで運気が高まります。

たとえば、会社やお店にも場の波動があり、そこに来るお客さんも波動干渉を受けます。つまり、汚い会社やお店にはクレーマーや嫌なお客さんが多発するのです。とくに接客業の人はどうしても運気の低い人に会うことは避けられないように思いますが、家同様に環境を変えていくと、不思議といいお客さんしか来なくなるのです。

あまりにも理不尽なお客さんに対しては、「まともに相手をしていたら、自分の振動数が下がって運気も落ちる」と思って同調しないことが重要ですが、そういったお客さんを呼び寄せてしまう場を、未然に作らないようにすることも大事です。

お店や職場などはとにかく床をピカピカにすると良いお客様が来ます。鏡のようになるまでワックスをかけることもおすすめです。とにかくピカピカにしてください。最初に業者を呼んでコーティングしたあとは、それを保てばいいだけですから。床は自分自身だと言いましたが、お店の床はお店自身です。お店にはお店の場の振動数があり、お店自身を磨くことでいいお客さんが自然と増えます。

あるお店の店長は、毎日床磨きをしただけで売り上げが倍増したと報告してくれました。店長の波動が上がればスタッフの波動も上がっていきます。そして、嫌なお客さんは来なくなります。

たとえば、ワタミにはワタミの波動があり、鳥貴族には鳥貴族の波動があるということです。トイレをキレイにして、床を磨いて入り口から旺気を呼び込むと、そのお店には商売繁盛の運気が回って、人もお金も循環するようになるのです。次から次へとお客様を引き寄せる波動が生まれますから。

捨てることでエネルギーの空間に新しいものは入ってくる

運を良くするためには、身の回りの環境を整えて、波動を上げていくことが、一番の近道です。それまでの私は、常に何かを「足す」ことで、より良くなっていくと勘違いしていました。しかし、そんな私に師匠が提案したメソッドは「引き算」だったのです。

これは、何かを得たいのならば、まず先に「手放す」必要があるということでした。実際には物だけではありません。結局、**すべてのものはエネルギーなので、何かを手放せばその分スペースが空きます**。そのスペースが出来て初めて何か新しいものが入ってこられるのです。

それはお金かもしれません。情報かもしれません。もちろん、ご縁かもしれません。

でも、多くの人はスペースなど空く隙もない状態です。物も思考もパンパンに詰め込まれてしまっているから、新しいものが入ってくる余地がないのです。

私が「物を手放しなさい、それも8割手放しなさい」と言っているのは、汚れたバケツの水をキレイにするときと同じように、まずは徹底的に今あるものを捨ててしまう、手放してしまうことが最速、最短の方法だからです。一気にスペースを空ければ、雪崩《なだれ》のごとく新しいものが入り込んでくるものです。パンパンに詰め込まれていた場所がガラッと空くことによって、それを一気に埋めようとするエネルギーが押し寄せてくるので、変化も目に見えて起こりやすくなるのです。

だから、実践するならとことん振り切ってするほうが実感が持てる変化が起こりやすいということです。

あなたの波動は環境から大きく影響を受けています。だからこそ、第一に身の回りの環境を徹底的に整えることが大事です。それは家だけではなく人間関係も同様です。

もし今、人付き合いに悩んでいたり、新しい出会いが欲しいと思っていたりするのであれば、あなたの運気を下げている身の回りの人たちを思い切って切り捨ててしまいましょう。

縁切りリスト

新しいご縁というエネルギーを取り込むために、思い切って書き出してみましょう。

名前	その理由は何でしょうか?
1	
2	
3	

あなたの振動数を上げるために必要のない人は誰でしょうか。そばにいるだけで、自分の振動数を下げる人は誰でしょうか。

余計な人間関係を清算してしまったら1人になってしまうのではないかと思うかもしれませんが、それでいいのです。一緒にいると波動も運気も下がるような人と無理して付き合っていても、いいことは何もありません。それだったら1人のほうがよっぽどましです。

そこで、前ページに「**縁切りリスト**」という表を作成しました。**ここに自分の身近な人で、連絡を断ってもいいと思う人を挙げてください。これも新しいご縁というエネルギーを取り込むための大事な作業です。**

これに記入してみることは、悪縁を絶ちたい方はもちろん、新しい出会いが欲しい方にもおすすめのワークですよ。

運気を上げる実践その2「感情を変える」

私たちが何をしにこの地球に来たかというと、極論を言えば「いい気分を味わいに来ている」ということです。感情もまた宇宙とつながっていて、結局、自分が何を投げかけるか、そして何を受け取るのか、この「因果の法則」で成り立っているのです。

ですから、いい気分でいる人、いい気持ちでいる人には、神様は「もっといい気分にしてあげよう」とさまざまなご褒美を与えてくれます。逆に、いつも不機嫌な人、いつも怒っている人、いつも威張っている人には、「不機嫌でいることが好きなんだね」と、もっと不機嫌になるような現象が降りかかってくるのです。

そもそも、今の自分があるのはあなたが投げかけてきた結果なのです。これが、これまでつくり上げてきた〝最高傑作の自分〟ということになるのですが、それが気に入らないというのであれば、投げかけてきたものがどこかで何かが間違っていたのです。

つまり、投げかける感情を変えないかぎり受け取るものも絶対に変わりません。感情と宇宙はつながっていて、常に神様に感情レベルの数値を測られています。もうＡＩを超えています。

私も人間ですから機嫌が悪くなるときもあれば、イライラしたり怒ったりすることももちろんあります。不快な感情が沸き上がってくると脳にインストールした不機嫌察知アプリが作動します。今不機嫌だよね？　早く修正しないと波動が落ちて運気が下がるよ、と脳に指令を出すのです。

機嫌が悪くなれば、感情レベルの数値が一気に下がり、波動も落ちていきます。常にいい気分でいようと意識しておかなければならないのです。

この宇宙は常にいい気分を味わう練習の場です。様々な現象が降りかかりますが、あなたがどんな顔をして、どんな言葉を使い、どんな態度でいるのかを試しているのです。今のこの肉体が朽ち果てるまでに少しでも波動を上げてあの世に帰りたいものです。

1日の中で「ご機嫌になれる時間」をつくる

聖人君子でもない限り、誰もが1日24時間、常にいい気分でいられるわけではありません。

年がら年中ご機嫌でいられないからこそ、感情の取り扱いには注意する必要があるのです。

結局感情のコントロールをして24時間いい気分でいられるように目指していくのが、運気を上げていく実践そのものです。

そこでまずは、**1日の中で「いい気分になれる時間を15分間つくる」ということを実践してみてください。**

なぜ15分なのか、それは24時間の約1％が15分という時間だからです。自分の人生をよりよいものにしていきたいと思っているなら、1％の15分を毎日意識してみませんか？　騙されたと思って72時間、3日だけでも意識して実践してください。たった3日でも気付きや反省が沸き上がってくるはずです。

15分は連続でなくても構いません。

5分を3回でも、3分を5回でも。やれる範囲で構いません。

いい気分を味わうと言えば、あなたはお風呂は好きでしょうか？　私は大好きなのです。毎日1時間ほど入ります。

シャワー派の方は湯船につからないと邪気が出ていきませんのでお湯につかることをおススメします。汗とともに邪気は抜けていくのです。滝のような汗を流しながらお風呂から出たときの爽快感はまさに邪気よサヨウナラという感じです。

お風呂での私の過ごし方を紹介します。私はお風呂で五感を一気に刺激します。五感とは視覚・聴覚・触覚・味覚・臭覚の5つです。これを一気に刺激するのです。こんなことを意識的に行ったことはほぼないでしょう。風呂の電気を消し、好きなアロマを湯船に垂らし、好きな飲み物を飲みながら、iPadで川のせせらぎ、鳥のさえずりが聞こえる動画を流します。これで視覚・聴覚・味覚・臭覚を刺激します。お風呂に入っているので触覚も気持ちよく、これで五感を一気に刺激するのです。問題はここからで、何も考えずにボケッとすることが大切です。

お風呂の中の時の流れに無の境地で身を任せてみるのです。

このボケッとできるお風呂場こそが脳内をリフレッシュする最高の空間なのです。

現代人は様々なストレスで疲弊しまくっています。

このような時間をみずから積極的に作り出すことは現代人にとってマストだと思います。ぜひお風呂でボケッとして癒されてくださいね。

時には重要なメッセージがいただけることがよくありますから。

意識していい気分になる時間を演出していくことが大切です。そこで、あなたがどんなことをすれば気分がいいのか、どこでその時間を演出するのかを考えてみてください。そして、それを次のリストに書き出してみてください。

書き出したことを実践して、いかに最高の時間にするのか。まずは15分間を思い切り演出してみてください。それができたら1%を2%、5%、10%と増やしていけば、運気も気分もどんどん上がっていきます。

いつも笑顔でいるのはかなり難しいことですが……

いい気分を演出できるようになったら、次は、できるだけその時間を長く、

「ご機嫌になれる時間」を作るリスト

あなたがいい気分のときは、どんなときでしょうか？

……………………………………………………………………

……………………………………………………………………

……………………………………………………………………

……………………………………………………………………

いつ、どこでできそうでしょうか？（具体的に）

……………………………………………………………………

……………………………………………………………………

……………………………………………………………………

……………………………………………………………………

どうやって最高の時間にしますか？

……………………………………………………………………

……………………………………………………………………

……………………………………………………………………

……………………………………………………………………

より積極的に演出していくことが大切です。そして**「いつも笑顔でいる」**ことも運気を上げるのにすごく効果的な方法です。

これも意識していないとできません。本人は、いい気分で笑顔でいるつもりでも、「いや、いつもいい気分で笑顔ですよ」と言ってくるその顔がすでに怒っていたり笑っていなかったりするもので、実は自分でそう思っているだけにすぎません。その人がいい気分で笑顔なのかどうかは、他人でないとわからないからです。

人から「最近、何かいいことあった？」と言われるようになって初めて、運気が上がっているということが証明されます。だから、自然とそう言われるようになるまでは、無理やりにでも自分で笑顔やご機嫌でいることを演出するしかないのです。

さらに、これをやり続けたら最高という方法をご紹介します。感情マックスの三種の神器です。

それは「笑顔、鼻歌、スキップ」という格言です。

この3原則で絶対に嫌な気分になりません。いや、嫌な気分になることができないのです。鼻歌を歌いながら不機嫌な人はいませんし、ましてやスキップをしながら嫌なことを考える人がいたら、それはそれで達人の領域です。

実際に、通勤中の最寄り駅の手前100メートルくらいから、ちょっと鼻歌、ちょっとスキップして会社に向かうという人がいますが、それだけで日中働いているときは笑顔でいられるそうです。

また、夫婦喧嘩が始まったら、私は主婦のみなさまにこの格言をお伝えしています。

「喧嘩が始まったら、鼻歌歌って旦那の周りをスキップ」

ある講演会で、「今旦那と喧嘩していて、どうしたらいいんでしょうか？」と相談されたことがあります。

そこで私は「家に帰ったら明るく元気で大きな声で『ただいまぁー』と言ってみて。旦那の反応はどうでもいいから。笑顔で鼻歌を歌ってスキップしながら料理をしてみて」と言いました。とにかく、旦那さんのことは無視していいから、自分のご機嫌を演出しなさいと伝えたのです。

そうしたら彼女は、旦那さんを無視して鼻歌を歌ってスキップしながら料理をつくったそうです。

それをなんとはなしに見た旦那。突然、物置からドンジャラを出してきて子どもたちと一緒にドンジャラをやり出して、奥さんに「おい、おまえも入れよ」と。

そして、素直にその誘いに乗ってやってみたら、奥さんの勝ち。この照れ隠しの旦那の行動は「ドンジャラ事件」として、夫婦喧嘩のお助け法として長く語り継がれていると巷で話題になっているとかいないとか。

まあ、それはさておき、いい気分も笑顔もまずはみずからが積極的に演出していくことでしか習慣になっていかないということです。いつも笑顔でいたいならパソコンに小さな鏡を貼って笑顔チェック。時々、意識的に笑顔の自分を演出してみましょう。ご機嫌でいることを演出していけば、必ず周りの人から良い言葉をかけられはじめるのです。「**最近機嫌良いよね？**」と。**これを言われはじめたらあなたの波動は著しく上がっています。**

事例

スタッフがことごとく辞めていく。居酒屋経営者のある決断

これは斎藤一人さんのお弟子さんの1人、おがちゃんという方の話ですが、この方は北海道の居酒屋の経営者で、弟子として今は「居酒屋学校」などもされている私が尊敬する経営者です。

そんなおがちゃんに聞いた話によると、一人さんと会う前は、居酒屋のスタッフがことごとく辞めてしまうことに頭を悩ませていたそうです。なにしろ新しいアルバイトの子が入ってもすぐに辞めてしまう。どうしてかと思ったら「社長が怖い」からだと。対処に悩む中でおがちゃんは、自己啓発の本でも読もうと手に取ったのが一人さんの本でした。

そこには「笑顔に勝るものはない」と書いてあり、おがちゃんの心に響いたのです。

「よし、自分は24時間、絶対に笑顔でいよう」

そう決心したおがちゃんは、すぐに100均に出かけて、鏡を100枚買い集めたのです。そして、家中のいたるところに鏡を貼りました。鏡に目が合う

たびに笑うと決めたんですね。

鏡100枚です。もう家の中のどこを歩いていても鏡だらけです。どこを見ても鏡と目が合うのでそのたびにニコッと笑い続けたのです。すると嬉しい副産物として自然と言葉使いも態度も良くなっていったそうです。いつしか笑顔でいることが習慣になっていったのです。

結果、居酒屋のアルバイトも辞めなくなって、従業員の笑顔が増えたおかげもあり、お客さまも絶えることがなくなり、売り上げもうなぎ登りになったそうです。笑顔を極めようと思ったおがちゃん。そのたった1つのことで、居酒屋は繁盛店へと変わることができたのです。

やはり、人生はブーメランの法則がはたらいています。自分が何を投げかけるかで宇宙が自分に投げかけてくるものが変わります。そして、たった「笑顔でいる」ということを意識しただけで、言葉も態度も変わり、相乗効果で自分に降りかかってくる現象も変わるので、**人生は微差の積み重ねだということです。小さなことの実践の先にしか、大きな変化は起こり得ません。**まるで新しい別世界のような状況に変わってしまうということなのです。

感情を変えることは難しいものです。けれどそれもまた、微差の積み重ねの向こうで、必ずできるようになっていく。おそらく一生かけてやっていく大きなプロジェクトのようなものだと思うのです。

環境を変えることで感情が変わってくることもよくあります。それでいい気分になり、使う言葉も態度も変わり、運が変わっていくものなのです。

運気を上げる実践その３「人間関係を変える」

運気を上げて振動数を増やしたいのなら、今のあなたの人間関係を変えることです。そのためには、今あなたがどんな人と付き合っているのかを把握しなければなりません。

というのも、類は友を呼ぶ、というように同じ振動数の人としか引き合わないはずだからです。もしその人たちとのご縁をうまく切れないのなら距離を置くことでもずいぶん違います。でも、古くて手放したいと思っているご縁を潔く断ち切らない限り、運気の高い人と出会うことは難しいと言えます。なので、本気で運気を上げたいのなら、愚痴・泣き言・悪口ばかり言っている仲間とは距離を置くことをおススメします。その人と連絡を取らなくても問題は生じないのではないでしょうか。会えば愚痴や悪口を言い、人を貶めるようなことをする人と一緒にいて楽しいのなら仕方ありませんが。

しかし、自分を変えたいのなら、前出の「縁切りリスト」を使って、まずはあなたの人間関係を整理することです。

そのうえで、自分の運気を上げる実践を続けていきましょう。いい気分でいること、笑顔でいることを実践し、人の悪口や陰口を絶対に言わないと誓ってください。

よく「職場の雰囲気が悪いのでどうしようもないんです」という人がいます。でも、よく考えてみてください。その職場の一員であるあなたも、それに一役買っているかもしれないのです。

また、雰囲気の悪い職場というのは、マイナスの感情が波動干渉し、さらに職場の雰囲気を悪くするという負のループに落ち込んでいきます。それならば、自分だけは環境を整え、いつも笑顔の実践を続けるのです。

愚痴大会にも加わらない、マイナス感情で接してくる人にはなるべく近寄らないなど、よからぬものからの波動干渉を受けない強い心が必要です。

それでもダメな場合は、私は「会社を辞めるしかないです」と言います。結局は環境を変えることでしか変わることはありませんから。

しかしこれは私の世界観なので信じなくて構いませんが、人は職場に呼ばれると思っています。最終的に判断したのはあなたですが、今のあなたに丁度いい職場に呼ばれたのです。つまり、今置かれている環境が悪いのならば、それは今のあなたにはちょうどいい仕事なのです。

だから、辞めて新しい会社に入ったからといって運がよくなるとはかぎりません。最悪な場合、もっと人間関係の悪い職場に出会うことだってあります。

それはなぜかというと、すべては「運」だからです。残念ながらこの宇宙は運が99%、残りの1%もやはり運なのです。

つまり、運気を上げないかぎり宇宙は同じ課題をあなたに与え続けるのです。すべてのことはメッセージ。人間関係を克服しなさいと神様はあなたにメッセージを投げかけ続けているのですから。

そうならば、自分の運気が上がっていないのに転職しても何も変わりません。運気が変わるということは人との出会いが変わるということ。

ここで格言。「転職するなら運気を上げてからにしよう」

まずは自分が変わること。人間関係においても、これは鉄則です。

人間関係を変えるなら、心がなくても褒めまくれ

運気の高い人、成功者を見てきて、これは鉄則という人間関係の極意があります。それは「褒める」ということです。

これも最初は心を込めなくても大丈夫です。損得勘定でイイのです。しかし笑顔だけは忘れずに。

だから、思っていなくても「あっ、そのネクタイいいですね」とか、「その

服、とても似合ってますね」と言うところからはじめてもいいのです。褒められて嫌な気分になる人はいません。よく会話の前振りとして、こういった言葉をひと言投げかけてから話すといい雰囲気で会話が進むという指南書がありますが、ここで言う私の褒めるとは、とにかく褒める、それだけ。さりげなく褒めて終わりです。その後に何か会話を続けようとするのではなく、褒め逃げすればいいのです。

これくらいなら誰でもできるはずです。

「おっ、そのネクタイいいね」と言って、サアーッとその場を離れる。別の人に会ったら「その服、似合ってるね」と言いつつ美しく立ち去る。そんな立ち居振る舞いをスマートにできる人になりたいものです。

この繰り返しで、たくさんの人を褒め逃げするだけでいいのです。ぜひ練習して褒めの達人の域まで達していただきたいと思います。習慣になったころにはあなたには思ってもみなかった現象が降りかかるはずです。

とくに日本人は褒めるのが苦手なので、とにかく褒める練習から始めればいいと思っています。欧米の人は、さらにユーモアで落とすなんていいますが、

そこまでできるようになれば人間関係に苦労することはありません。

褒める練習はどこでもできます。たとえば、コンビニでもファミレスでも練習できます。一番簡単なのは従業員の人に「笑顔が素敵ですね」「とても美味しいですね」などとひと言添えればいいだけ。その人の持っている物、見た目や、サービス内容に応じて、いいなと思ったところを具体的に褒めるだけでいいのです。

居酒屋やレストランに行っても、「ごちそうさま。とても美味しかったです」と言ってお店を出ればいい。

70ページで解説した「1人会議」は、

日課にしましょう。朝に「今日1日、○人を褒めるぞ！」、夜に「今日は誰のことを褒めたかな？」と反省会をして、練習の成果を確認するといいのです。

挨拶も同じです。自分が挨拶をして返事があるかどうかなどは、気にしなくてもいいのです。大事なのは自分がやるかどうか、どうあるべきかなので、とにかく自分は明るく元気に挨拶をする。相手がそれに返してこようが返してこなかろうがどうでもいいのです。

挨拶も言い逃げでいい。自分の発するエネルギーを変えることにフォーカスしてみてください。

毎日続けていると、ある瞬間から劇的に変化を見せることがあります。

これまで挨拶をまったく返してこなかった人が、ある日ぼそっと「おはよう」と言ってくることがあります。褒められた人も笑顔で、「ありがとう」と返してきてくれる。それはあなたがそれまでに、目の前の人や宇宙に投げかけてきたものの結果として降りかかってくる出来事です。この段階になると、良いことが数珠つなぎに巻き起こってくるようになるのです。習慣に変わっているのです。

宇宙ポイントをたくさんもらえる、究極の褒め方

褒めることは人間関係の極意と言いましたが、宇宙においてポイントが最高にもらえる方法があります。これを実践することによって、返ってくるものが倍、いやそれ以上になります。

その究極の行為が「陰褒め」なのです。

陰褒めとは、たとえば3人で話をしていたとします。そのときに、その場にいない人のことを褒めるという行為です。「○○さんって、凄いですよね、私はあの人が大好きなんですよ」と、その場にいない人を褒めまくるのです。

実はこれ、そんなに難しいことではありません。

陰褒めのポイントはその場にいない人を褒めることですが、陰褒めも陰口も必ずその人の耳に入ります。

あなたも陰褒めされ、○○さんがあなたのことをこんな風に褒めてたよ、な

んで聞いた日には天にも昇る気持ちで喜んだ経験があるはずです。

1日1人陰褒めの実践。運気を上げる実践の中でも特に試して欲しい実践の1つです。

実際に陰褒めを実践してみるとわかりますが、陰褒めが習慣化するとあなたの評判も次第に良くなっていくのです。

また、陰褒めされると、褒められた人の無意識はちゃんとわかっていて、褒めた人へ想念や感謝の念が行くので、その人を喜ばせているばかりか、別の人から、

「○○さんが、あなたのことを褒めていたよ」

と噂で本人の耳に入ったりします。まさに陰口が必ずその人の耳に入ることと一緒です。

宇宙はあなたが投げかけたことに、どんな形であれ必ず返ってきます。

事例

私の師匠が経験した不思議な宇宙からのメッセージ

私の師匠の1人にお蝶《ちょう》婦人という方がいます。プロフィールはすべて謎。超VIP、超セレブな徳が非常に高いお方です。ですから、師匠に起こる出来事も凡人には計り知れないことばかりです。

そんなお蝶婦人が、あるときスマホを紛失されました。あるレンタルスペースで撮影を終え、移動した後にスマホをレンタルスペースに置いてきてしまったと取りに行かれたのです。

しかし、どこを捜してもスマホが見つからない。これって、ほんの3分くらいの出来事です。それほど広くもないレンタルスペースです。みんなで一生懸命捜しましたが、結局スマホが見つかることはありませんでした。

お蝶婦人は「これは人間関係をリセットしろというサインでしょう、受け入れましょう」と仰《おつしや》って、結局新しいスマホを買ったのです。

そうして3カ月くらい経った頃、お蝶婦人のもとへレンタルスペースから電話が来たのです。「スマホが出てきました」と。

あり得ない話です。あれだけ捜してもなかったスマホが、3カ月も経ってからレンタルスペースで見つかったとは。そして、出てきたスマホの着信履歴を見ると……。

お蝶婦人が縁を切りたいと思っていた人から無数の着信履歴が残っていたのです。

その着信は、スマホが見つかる直前までありました。

しかし、着信がなくなった直後に……その人は詐欺で警察に逮捕されたのです。

お蝶婦人が縁を切りたかった人の正体は、なんと詐欺師だったのでした。

お蝶婦人を詐欺師から守るための、神様の粋な配剤としか説明がつきません。スマホが消えて、3カ月後に返してくれたとしか思えないのです。

これはほんの一例ですが、このようなことは、本当によくある話です。それにしてもお蝶婦人の運気の高さを目の当たりにした出来事でした。

いつも誰かのために尽力し、徳を積んでいるような運気の高い人は、あらゆる場面において神様が守ってくれます。

縁結びも縁切りも、ベストなタイミングで必ず必然の方向に導いてもらえるようになります。

あなたも運気を上げて振動数を増やしていきたいなら、運気を下げる人をスマホの連絡先から削除してみてはどうでしょうか？　スマホは人と人とをつなぐツールですから、一度リセットすることも実践してください。

人間関係の大切さを教えてくれた華僑《かきょう》・水晶大王

私は東京の自由が丘で水晶を扱うお店をやっているのですが、この仕事で人間関係についてたくさん学ばせてもらいました。

私は30歳から毎月、水晶の買い付けに中国へ出かけていました。これは今でも続いているのですが、中国人と仲良くならないといい物を買うことができません。というのも、中国人との友好的な人間関係は、もうベルリンの壁のごとく高くなかなか心開くことはないからです。

でも、一度友達になると「あなたのためなら……」というくらい人間関係が濃密になります。中国人はお金を貸してほしいという友人には、自分がお金がなくてもわざわざ借金をしてまでお金を用立てるくらい熱い民族なのです。

そんな中国に行ったとき、水晶の問屋街にある大きなお店の前に飾ってある800キロもあるキレイなヒマラヤ水晶を見つけました。このお店の社長は「水晶大王」と呼ばれており、デカい水晶を発見しては「水晶大王、国宝級の水晶発見！」と新聞に載るというくらいの大物だったのです。

私は思わず「あの水晶が欲しい！」と興奮して、ぜひとも水晶大王と仲良くなりたいとワクワクしました。実は、この何もなくてもワクワクするというのは、いつ何が起きても準備ができていて、どんな周波数にも合わせられる状態で、これを「準備万端の法則」と言っているのですが、私は水晶大王と友達になることをミッションに掲げました。

しかし、そうはいっても水晶界では雲の上のような人。ましてや中国人という厚い壁が立ちはだかっています。仲良くなるにはかなりの時間を要します。

そこで私は、社長に気に入られる策を講じました。笑顔、笑顔の可愛げの演出です。良い商品を安く買えるよう何度も足しげく通い、そのたびに手土産を持参してなんとか少しずつ距離を縮めていったのです。

その間、彼からいろいろと頼まれごとをされるようになってきました。「日本から来るときに、あれを買ってきてくれ」とか、社長が日本に来たときにホテルを手配したり、アテンドをしたり、とにかく社長の仕事の頼まれごとをこなしていきました。

そうして彼との付き合いが1年ほど経った頃、私は彼を食事に誘いました。といっても、ただ食事に誘ったのではありません。彼の波瀾万丈《はらんばんじょう》な人生をぜひともうかがいたいと言って誘ったのです。実際に成功者の人生観をお聞きするのは勉強になるのですが、こんなふうに言うとたいていOKしてくれます。言うに及ばず、水晶大王にも快く応じていただけました。

水晶大王は18歳で商売の世界に飛び込みました。日本からVHSビデオデッキを輸入し販売を始めたのです。これが爆発的な大ヒット。しかし、こうなるとマネをする人が出てきます。ビデオデッキはすぐに品薄になってしまいました。

しかし、それでも彼のところには商品を買ってくれと業者がたくさん来て、お客さんもひっきりなしだったそうです。その理由は「どこよりも高く買い、どこよりも安く売る。暴利をむさぼらない」という商売の基本を徹底していたからです。これは業者も喜び、お客さんも喜び、自分も仲間も喜ぶという三方良しの精神です。

自分だけが儲かればいいと思っている会社は絶対に繁栄しない。誰でも頭ではわかっていることですが、みんなが喜ぶような策をとることを学ばせていただきました。

さらに水晶大王の話には熱が入り、私は首がちぎれるほどにうなずきながらメモを取り続けました。そこで経営の帝王学を学んだのです。

「どんなささいなことでもいいから、とにかく社会に、人に、地域に貢献することをしなさい」

「仕事を楽しみなさい」

「恩返しは絶対に忘れてはいけない」

「ビジネスパートナーには、自分の利益がなかったとしてもまずは儲けさせてあげなさい」

「そして、『縁』を大切にしなさい。一番大事なのは出会った人を大事にすること。よい仲間に囲まれたらすべてはうまくいく」

彼は私に3時間も話をしてくれました。本当にすごい方です。

思わず私は、「日本一の水晶王になる！」と宣言していました。

すると、水晶大王は私にこう言ったのです。

「うちのお客さんの半分は日本のお客さんだ、実は前から日本の総代理店を探していたんだ。もしよければ君の会社が総代理店になってくれないか？　日本のジュエリーショーが近々にあって出展したい。それを見て勉強して、次回から君が出展しなさい。商品はうちで最高の物を最低の値段で卸そう。それを君が好きなように売ればいい」

このとき、水晶大王は私をビジネスパートナーに認めてくれたのです。そして……。

「今、うちにある最高の水晶を君に譲ろう。売れば5000万円はくだらないだろう」

問屋街を歩いていて、初めて見て度肝《どぎも》を抜かれた800キロの水晶。「あれはいくらお金を積まれても誰にも売るつもりはない」といつも口にしていた国宝級の水晶を私に譲ってくれると言うのです。私がビジネスパートナーになるからには、まずはこの水晶で私に儲けてほしい。水晶大王は「自分と商売をともにする人には先に儲けさせる」という自分との約束をいとも簡単に実践したのです。

その水晶は、今でも私の店に鎮座してくれています。

その後は、彼のところに行くと毎回食事をおごってくれるのです（中国人は面子《メンツ》を大事にするので、絶対におごらせてくれません）。いい物が出たときは私のために取っておいてくれたり、一番えこひいきしてもらっているのです。

とにかく、私は中国で人間関係の大切さを学ばせてもらいました。

たとえば、中国にはビル1棟すべて水晶が売っているような問屋街がいくつも存在します。小さなお店から大きなお店まですべて人間関係でつながっています。ですから、小さなお店で偉そうに振る舞うと、もうそのビルのお店では悪い噂が立ち取引ができなくなります。

しかも、兄弟や親戚がそれぞれお店を経営していたりしますから、どんなお店、どんな人でも大切にしなければならないのです。

すべてのお店が大切、すべての人が大切。このことは本当に勉強になりました。

今では友達がたくさんできて、中国に行くときはたくさんのお土産を持って行きます。でも、それより大変なのは、みんなから「おい、サク。今晩メシ行かないか」と誘われることです。これだけはさすがに無理。今ではローテーションでスケジュールをつくっています。

縁のすべては「頼まれごと」からつながっていく

人間関係における実践を人体実験してきて、縁とはこのようにつながっていくのだなとわかったことがあります。そもそものきっかけは小林正観さんに言われたひと言でした。

「あなたは噺家《はなしか》に向いていますよ」

そのときは意味がわかりませんでしたが、その後、ある人から「ちょっとしゃべってくれませんか」と講演会の依頼を受けて話をしたのです。そのことがきっかけで、あちこちで講演会の依頼を受けて、少しずつお金も頂戴するようになりました。今では〝噺家〟として、ユーチューブや開運に関するさまざまな話をさせていただく人生になってしまいました。

そこでは、多くの運気の高い人に出会い、よい縁がどんどんつながっています。

この縁の始まりは何だったのか。それこそが「頼まれごと」です。

たとえば、転職したいという相談をされるときに、私はその人に言うのですが、「本当に仕事を辞めたいんだったら、ツイッターでもフェイスブックでもなんでもいいから、SNSで同時に『仕事を紹介してください。何でもやります』って投稿してみて。そして、選《え》り好みをしないで、一番最初に来た仕事を引き受けるのがルール」と。

そこには、今の自分にちょうどいい仕事が来て、そこにメッセージが隠されているからです。最初に来た頼まれごとに隠されたメッセージを引き受けることによって、その後の展開が大きく変わってくるのです。

最初はお金をいただけないかもしれません。でも、メッセージは頼まれごとでしかわからないのです。それは縁だけではなく、人生の使命にもつながっていきます。

「頼まれごとは、宇宙からの試されごと」

頼まれごとで広がっていく縁の先にあるものこそ、あなたが本当に自分の人生を歩む意味なのです。

第4章

ご縁に恵まれる人が常にやっていること

成功者にとって大切なものはお金より人

お金持ちの人でも、運気の悪い人というのは存在するのです。私は多くのお金持ちの家にうかがいましたが、そういう人はたいてい家が汚く、とくにトイレはさすがの私でも掃除したくないほど汚かったことを覚えています。

そういう人は結局、宇宙の法則に反したことをしているので運気を下げていきます。会社が倒産したり、高級マンションから夜逃げ同然にいなくなってしまったりと、人間関係の悪化、金銭トラブル、病気と負のスパイラルが止まらなくなるのです。

いっぽうで、**本物の大富豪はお金ではなく人との縁をとても大切にします。**

彼らはビジネスの話でも、投資にいくらかかるかではなく、誰が言ったかで判断します。

私が仲良くさせてもらっている、マレーシアで王族のコンサルタントをしているアレックスというボスがいます。なにせ王族のコンサルですから国の経営を任されている人です。もう彼自身が国家ではないか、というレベルの大きな資産を動かす仕事を任されています。

アレックスのところには、世界中から毎日多くの人が訪ねて来ます。彼はそこでいろいろなことを教えているのですが、忙しい人ですから、そんな話の途中でもビジネスの電話がひっきりなしに掛かってきます。

あるとき、いつものように話を聞いている途中で電話が入ったのですが、ほんの1、2分も経たずに、「わかった。じゃあ1億円を今すぐ振り込んでおくよ」と言って、秘書に振り込みを頼んでいました。

私が何の話かと聞くと、どうも投資の話で1億円を振り込んだらしい。そこで、どんなビジネスなのかと尋ねると「知らない」と言うのです。

——ビジネスの内容も聞かないで、1億円を振り込んじゃうの⁉

正直、驚きましたが、これが超VIPのビジネスです。〝いくら〟ではなく〝誰が〟言ったかという情報が大事だからです。

実際に、アレックスの口ぐせは「お金を稼ぐことより簡単なことはない」ですから。

彼はマレーシアの首都クアラルンプールの近くにある超高層ビルを何十棟も所有していますが、ちょうどそのときも建設中のビルがあり、それもアレックスのものでした。

聞くところによると、日本円で4200億円。しかし、建設中にもかかわらずすでに売れてしまったとのこと。売却額は、なんと6000億円です。まだ建設中なのに1800億円も儲けている……。

私は、大富豪というのはこうやって資産を増やしていくのだなとまざまざと見せつけられたのでした。

これが大富豪たちのビジネスです。結局、ビジネスに投資するのではなく人に投資をするのです。その人が本当に信頼のおける人であれば、安心してお金を託し、確実に利益を出すことができるからです。だから、アレックスにとってお金儲けは簡単なのです。

運気の高い成功者が持つ3つの共通点

私は運気の高い成功者を見てきて共通することがあると気づきました。それは、「優しい」「褒め上手」「直感を信じる」という3つでした。

優しいというのは、第2章で私が師匠選びをする際の条件として挙げましたが、本物の人というのは温厚で、いつでも目下の者に気を遣ってくれます。もうそれが習慣になっていて、感情をコントロールしたり、意識して良い声かけをしたりするといった次元を超えています。

小林正観さんのところに来る人たちも、心が豊かでいつもニコニコしている人たちばかりでした。

本物の優しさは、成功者を見ていると人格そのものとしてにじみ出ています。そして、優しい人の下には同じような波動の人が集まってきます。これについて説明はいらないでしょう。

次に、成功者は「褒め上手」です。もともと運気を上げるためには「人を喜ばす」ことが宇宙の法則なのですが、彼らは無意識に言葉が出ます。

私の中で、これぞ「褒め上手キング」という方がいます。ソニー創業者・盛田昭夫氏です。説明するまでもないですが、「ウォークマン」を世界に知らしめた方で、亡くなった1999年には『タイム』誌で「今世紀に重要だった100人」に選ばれています。日本の勲一等旭日大綬章の受章だけではなく、イギリス、ドイツ、フランスでも勲章を受章した、後のスティーブ・ジョブズみたいな人です。

井深大氏とソニーという社名を決めたときから、盛田氏は「世界のソニー」に向けて走り出します。それにはまず、「マーケットを創造しなければ、いくらいい製品でも商品にはならない」と、理系出身の彼が一躍、営業マンとしてアメリカを渡り歩くのです。

ときには、ブランド名を変えて販売するなら10万台の発注をするという申し出を断り、ときにはアメリカの行政府と戦いながらも、いつしかソニーがブランドとして知れ渡るようになります。その間、家族とともにニューヨークに住むなど「おもてなしの心」を第一とし、人を褒めては喜ばせたのです。

だから、ウォークマンを売るときは、すでに会長という職にありながらみずから陣頭指揮を執《と》りました。盛田氏はすでに世界の人気者でした。当初世界に4つあった商品名を「ウォークマン1本でいく！」と号令し、「モリタが言うなら、それでいい」と各国が盛田氏に従い、ウォークマンとして世界中で爆発したのです。

かくいう盛田氏も、ウォークマンって和製英語（英語で言うならウォーキングマンが正しい）だよねと思っていたらしいですが……。

盛田氏が亡くなった今でも、「盛田昭夫塾」というものがあって、彼（と奥様）のおもてなしの心は受け継がれています。盛田氏が縁を大切にした、こんな名言があります。

「人生はやっぱり縁ですね」

ちなみに、盛田氏の画像をググってみてください。驚くことに本当に笑顔が素敵なんです。とくにウォークマンを手にしている彼の写真は、偉人のような笑顔です。神様に気に入られて、神様からの承諾を受けた人だなとつくづく思います。

3つ目の「直感を信じる」は、マインドの問題で、どんなトラブルが起きようと、大難が小難になってよかった、自分はツイているという考え方を持つということです。傍から見れば理不尽極まりない現象も、自分には困ったことが起きないというマインドですから感情が揺れ動くことがありません。

つまり、すべての判断は直感で行います。常に直感で動きますから、直感力が鋭くなるのは当然です。

電話1本で1億円を振り込んだアレックスも完全な直感型人間で、人を見ただけで、その人とビジネスをするかしないかを決めるそうです。その時間、なんと0・3秒。マジで恋するのに5秒かかる人（広末涼子さん⁉）もいますが、偉人クラスは零《れい》コンマの世界です。

つまり、人の本質を即座に見抜き判断してしまうということです。最初から人脈をつくりたいという思いで運気の高い人に近づいても失敗します。その人の化けの皮は一瞬にして剝がされますから。

運気の高い本物の人物は、それを実践しているという意識すらありませんが、みな宇宙の法則を使い倒しているのです。

波動の高い人は癒しのオーラを放つ

偉人たちとお付き合いさせていただいていると、なぜか眠くなるという不思議な現象を体験します。すば抜けて波動の高い人のそばにいると私は絶対に眠くなるのです。

これは間違いなく癒されていると思います。とくに隣にいると異様に眠くなります。そんな人が私には3人いて、ある方と一緒にいた際は、収録中に何回か寝てしまいました。収録中とは、まぎれもなく仕事中のときです。

その映像は残っていて、「櫻庭君、どうしたの?」とはっきり言われております。

やはり波動の高い人は癒しのオーラを放っているので、もしその人と波長が合うと気持ちがよくなるのだと思います。

よく「fの揺らぎ(1/fの揺らぎ)」と言いますが、この揺らぎを持つ人がしゃべると、聞いているほうは眠くなる、あれと一緒の感覚です。ウィスパーボイスで話されるともうダメですね。たとえば、俳優の森本レオさんなどは有名ですし、歌手では何といってもジョン・レノン。

私の周りでは、この声の持ち主は作家のひすいこたろうさんで、「ひすいこたろうの名言ラジオセラピー」は聞いているだけでセラピーを受けているような眠りに落ちることができます。

それはさておき、高い波動の人と自分の波動が合い眠くなるということは、相手の振動数と共振したというサインと思ってください。

つまり、運気のとても高い人のそばにいるだけで、あなたの振動数は確実に上がっているのです。第1章でもお話ししたように、人との縁は自己投資です。会うだけで波動干渉を受けて振動数が上がるのであれば、それは素晴らしい選択と言えるのです。

運のいい人が必ず持っている「マイルール」

運のいい人についてアンケートを行い、その結果から運のいい人についての法則を発見したリチャード・ワイズマン博士という人がいます。その有名な著書『運がいい人の法則』（矢羽野薫訳、角川文庫）の中で、博士は4つの法則を述べています。

法則1　チャンスを最大限に広げる
運のいい人は偶然のチャンスをつくりだし、チャンスの存在に気づ

き、チャンスに基づいて行動する

法則2　虫の知らせを聞き逃さない
運のいい人は直感と本能を信じて正しい決断をする

法則3　幸運を期待する
運のいい人は将来に対する期待や夢や目標の実現をうながす

法則4　不運を幸運に変える
運のいい人は不運を幸運に変えることができる

法則1は、言い換えれば「新しいことを喜んで受け入れる」という姿勢です。人はそれがチャンスだということにはなかなか気づかないものです。でも、何か**新しい出来事が舞い降りてくるというのは宇宙からのメッセージであり、それこそがチャンスです。**

多くの人は新しい出来事に躊躇し、変化に飛び込んでいこうとしません。それは逆にいえば、現状のままでいいと思っているからです。つまり、自分が変わりたいと本気で思っていないのです。

こういう人は、運がよくなったらいいなと思っているだけで、実は現状に満足しているだけです。新しいことを受け入れないかぎり、縁が生まれるはずはないのですから。

法則2は、まさしく直感です。**直感を信じて行動し続けることでしか、人生は変わらないのです。**物では変わりません。法則1の新しい出来事も直感なくしては判断できないでしょう。直感を高めるには素直になるしかありません。言われたことを愚直に実践することで虫の知らせを聞くことができるのです。虫の知らせも宇宙からのメッセージで、それを素直に聞くとあなたと宇宙はつながっていくのです。

法則3は、感情、マインドの話です。そもそも運のいい人は運を意識しません。最初から「私は運がいい」と自分の中で完結しているからです。ですから、法則4の不運を幸運に変えるというのも、**そもそも「自分には困ったことが起こらない」というマインドで生きているということです。**

では、**あなたが運を鍛えるためにはどうしたらいいのか。それは「マイルールを持つ」ことです。**第2章の振動数を上げる準備で、自分との約束事をスマホの待ち受けにして常に忘れないようにしようと言いましたが、この約束事をどんどん増やしていくことです。

私の師匠たちはマイルールをたくさん持っています。彼らはそれをいちいち書き出しているわけではなく、すでに呼吸をするがごとく習慣となっています。マイルールを増やし、それを未来永劫《みらいえいごう》続けていくという人だけが神様から選ばれる人になるのです。

第5章

何を投げかけるかで、ご縁は100パーセント変わる

西城秀樹は「因果の法則」を歌っていた!?

「因果の法則」「原因と結果の法則」というものがあります。この法則はまさに宇宙の法則で、私は「ブーメランの法則」と言っています。というのも、この法則を遺言とした、私だけが知る人物がいるからです。

その人の名は西城秀樹様。彼は今から45年も前にある歌を残しています。

「ブーメラン　ブーメラン　ブーメラン　ブーメラン
きっとあなたは　戻って来るだろう……」

この「ブーメランストリート」という曲は、何を隠そう「ブーメランの法則」を歌っていたのです。ですが時代が早すぎました。45年前の高度成長期の時代に、「投げかけたブーメランは戻ってきます」と言われても誰も気づきませんから。

だから「きっと」と謎かけくらいにしておこうかと、答えを濁したのです。

とにかく秀樹様は本当に優しくて、誰からも愛される人だったそうです。

『週刊現代』にこんな逸話がありました。

音楽好きの家庭で育ち、いろいろな楽器に夢中になった秀樹少年は、購入したドラムのお金を返すために、中学校には内緒で牛乳配達のアルバイトをしました。その配達途中には高校があり、野球部員たちが一生懸命に走っていました。すると、秀樹少年は「お兄さん、練習頑張ってください」と言って、牛乳をあげてしまうのです。

当然、配達の数が合わずにバレて、あっという間にクビになってしまったそうです。

もう秀樹様、いい人すぎます。

秀樹様の優しさは本物です。そもそもアンチ秀樹という人を見かけたことがありません。

彼は人格者でもあり、それは身寄りのない女性をお手伝いさんとして雇って、その方を最期《さいご》まで看取《みと》り、お葬式まで開いたというくらいです。

そんな秀樹様が伝えた「ブーメランの法則」は、あまりにも時代を先取りしすぎました。「YOUNG MAN（Y.M.C.A）」でも、「素晴らしい！」と人生について叫んでいます。

そう、秀樹・西城はスピの伝道者だった（?）のです。


私の妄想もかなり熱が入りました。

15年くらい前、六本木ヒルズのカフェで秀樹様を見かけたことがあります。きれいな女性と一緒にいました。もうギャランドゥしててかっこよかったことを覚えています。

秀樹様の「遺言」は、私がしかと伝えました。そして、最後にひと言。

「秀樹様、ごめん……」

あなたは宇宙にどんなブーメランを投げかけるか

「ブーメランストリート」の冗談はさておき、「ブーメランの法則」は人生の真実です。

ブーメランとは思いのエネルギーで、人に優しさを投げかけなければ人から優しくされないように、投げかけたものはその通りに返ってきます。

最初から心（思い）を変えることはできません。だから、本心でなくてもかまいません。ひとまずそういったプラスのエネルギーを投げかける練習をしようと言っているのです。それが習慣になったとき、神様は「おっ、少しは習慣になってきたではないか！　それではちょっと面白いものを見せてあげよう」と、あなたにギフトを与えようとしてくれるのです。

よく「旦那が嫌いでうまくいかないんです」という相談を受けますが、私は初めに「なぜ一緒にいるの？　出て行けばいいじゃない」と言っています。でも、「出て行くわけにはいかないんです」という人が実に多い。ならば、受け入れるしかありません。

本当は別れるか、受け入れるか、その2択しかないのですが、みなマジックのような第3の選択肢を求めます。しかし、「ブーメランの法則」に従えば、そんな楽な選択肢はないわけです。

旦那のすべてが気に入らず喧嘩が絶えない、顔を見たくもないし、「同じ空気を吸いたくもない」。

気持ちは良く分かります。私にもそんな経験がありますから。

でもね、そんなヒドイ旦那がいて、あなたは旦那の悪口を行く先々で言っているわけですよね？

「じゃあ、釣《つ》り合いが取れているじゃないですか。『釣り合わざるは不仲の元』本当に釣り合いが取れないようなら、一緒に居られることはありません。釣り合っているから一緒にいるんですよ。だから、あなたが投げかけるものを変えないかぎり、旦那さんもずっと変わることはないですよ」

彼女は納得して、旦那の悪口を言わないようにしてみると言います。が、すぐには変わらないのですよ。悪口をやめて3日で旦那が変わることなんて絶対にないのです。

「どれくらいかかるのでしょうか？」と彼女は心配そうに尋ねました。私がどれくらいの間、悪口を言ってきたのかを聞くと、「5年くらい言っています」と。

私は最後に、彼女にこう言いました。

「それなら、5年くらいは我慢しないとね」

人はすぐに結果を求めます。しかし、今の状況はそれまで投げかけてきたことが返ってきているにすぎません。宇宙には銀行（コスモスバンク）があって、あなたが投げかけ続けたものがエネルギーとしてすべて貯まっていきます。プラスのエネルギーを投げかければ預金となり、ネガティブなエネルギーを投げかければ借金となって返済しなければならない日がやってきます。

ですから、彼女が悪口を言い続けた5年は、5年かけて返済されるだけなの

です。その返済を早めたいのであれば、彼女はどうするべきなのか。それは旦那を喜ばせることをしていくことです。「そんなの無理無理！」奥様の怒り顔が目に浮かびます。

ブーメランはさまざまです。大きなブーメランもあれば小さなブーメランもあります。殺傷能力が高い刃のついた危ないブーメランだってあります。どちらにせよこちらからブーメランを投げかけていかないかぎり、宇宙から返ってくる現象はないのです。

返ってくるブーメランもさまざまです。お金のブーメランもあれば、ハートのついたブーメランもある。ただし、これだけは言えるのは**「今のあなたにちょうどいいものしか返ってこない」**ということです。

すべては神様のチョイス。何がいつ返ってくるのかは誰にも分かりません。
私たちはコスモスバンクにプラスのエネルギーを貯金し続けるしかありません。
どんなブーメランが返ってくるのか分からない。これだから人生は面白いのです。

宇宙のポイントが高い、先に投げかける「恩送り」

恩を返すのは「恩返し」ですが、自分から先に投げかけていくものは「恩送り」と言って、実は宇宙のポイントがとても高く、コスモスバンクにも貯金がふくらんでいきます。

それをわかりやすく言うのに、『ペイ・フォワード可能の王国』という素晴らしい映画があります。

この話は、アルコール依存症の両親のもとで寂しい日々を過ごす、ある少年の物語です。

トレバー少年は、新学期の授業で担任の先生から「世界をよりよくするには自分は何をしたらよいか?」という課題を出されます。

トレバー少年は、3人に親切をし、その3人が別の3人に親切をしていくという「ペイ・フォワード」を提案します。そこで彼は、担任の先生、ホームレス、クラスのいじめられっ子の3人にペイ・フォワードを始めるのですが……。

ネタバレになるので、この先のあらすじは省略します。ただ、1人の少年が初めに投げたペイ・フォワードが、世の中を変えていきました。その先に見た光景は……多くの人たちの善意ある優しさだったのです。

人は1人では生きていくことができません。知らず知らずたくさんの方たちに助けられて生きていて、それに気づかずに過ごしています。たとえば、どこかで食事をしても、まずは料理してくれる人がいて、材料を生産している人たちがいる。お茶碗を製造している人もいれば、食糧を配達してくれる人がいる。つまり、人は誰かに助けてもらわなければ生きていけない存在で、すでにたくさんのいただき物をしているのですが、私たちはこのことを忘れがちです。しかし「出すのが先」、という意識を持っているとすべてがうまくいきます。

たとえば、挨拶にしても誰よりも先に挨拶をする、お金を使うにして自分から先に、誰かや何かに使う、夫婦喧嘩をしても先に謝ってしまう……。すべては先にやった者勝ちなのです。

早く運をよくしていくには、誰よりも恩送りを実践していき、コスモスバンクに預金を増やしていくことです。そしてそれにはとっておきの実践法があります。

それは関係のない人たちにも先に何か投げかけていくこと。

私の師匠たちは、損得勘定なしに何かを差し出しています。これが運気の高い人たちの習慣です。師匠の1人は毎朝、家の周り半径500mの範囲を掃除しています。大切なことは、お金のあるなしにかかわらず、自分ができることを先に投げかけていくことなのです。

最強の縁は「この人のためなら」と思ってもらえること

私は今でこそ開運ユーチューバーとして、みなさんの前でお話しさせてもらっておりますが、いつも私の隣にいる男との出会いがなければ、楽しく仕事ができなかったと思っています。

その男とは「邪兄」。その名の通り、無邪気な心を持ったナイスガイで、私の漫談相手には欠かせない存在でもあります。今では超売れっ子の「有名ユーチューバーの裏方」として、数々の著名人を世に知らしめています。お蔭で休みなく毎日朝から晩まで人のために汗をかいている姿を見ると本当に嬉しく思います。今でこそ大活躍の邪兄さんですが、今回は人との縁がテーマということで、どうしても私との出会いについて話したいと言うので、ぜひとも聞いてやってください。

はい、大王（編集部注：著者の通称）から過分なまでの短い紹介ありがとうございます。

私からあらためて自己紹介をすると、紙面がもったいないと大王からお叱りを受けますので、さっそく話を始めますね。

僕は3年前まで普通のサラリーマンでした。当時は上司に対する鬱憤《うっぷん》でストレスが溜まっていて相当ヤバい状態でした。そして当時大王の大ファンで、とてもあこがれていたんです。講演会にも行きましたし、大王の発信するラジオも暗唱できるほど聴いていました。だから、僕にとっては大王は雲の上の存在です。

そんなイチ、大ファンとしてサラリーマン生活を送っていたのですが、まさに青天《せいてん》の霹靂《へきれき》というか、会社をクビになってしまったんです。

――ついに、無職かぁ……。

会社をクビになっても、何のコネも技術もない。これからどうしていこうと思って悶々としていたのですが、ちょうど「居酒屋てっぺん」の創業者、大嶋啓介さんの「人間力大學《だいがく》」という講演会に大王が出演するということを知ったんです。

仕事を失ってしまった僕は、もともとその1カ月くらい前に人間力大學のスタッフとして拾ってもらっていたような状況で、大王のイベントに行きたいと言ったら、ちょうど空き人員があって、なんとスタッフとして採用してくれたんです。

――憧れの大王に会って、直接話ができるかもしれない……。

もう、ワクワクしてイベント当日を迎えたんです。

イベントは千葉県○○市。東京駅の高速バスのバス停にスタッフが集合しました。なんと、思いがけず、そこに大王も現れたんです。まさか一緒に行くなんて思ってもいませんでしたから、もう緊張MAXです。会場まで1時間半くらいの道のりの中、僕は大王の斜め後ろの席からストーカーのごとく大王をじっと見ていたんです。

バスを降りて、スタッフが大王に挨拶するときに僕も続いて挨拶をしました。

「今日、スタッフをさせていただきます、小野将彦と申します」

すると、大王が「知ってる〜！」とおっしゃるではないですか。

――えぇ、僕の顔を知ってるの⁉

たしかに、これまでに何回か大王の講演会に行ったことがありましたが、毎日たくさんの人と関わる大王が僕の顔を覚えているはずなんてありません。だから、そのときは社交辞令でも嬉しいなと素直に思って。講演前に食事に同席させていただいたりと、大王の話を直接聞くことができました。

ちなみに、なんで大王が僕の顔を覚えてくれていたのか。

答えは、「大王の大親友、作家のひすいこたろうさんに顔も背格好も立ち居振る舞いも、とてもよく似ていた」からでした。

大王いわく、僕のインパクトがでかくて、「ひすいさんと似ている、あの子だ」と思ったそうで、会って開口一番「知ってる〜！」と言ってしまったそうです。

そんな出会いから始まって、今は大王の相方（おこがましいですが）としてユーチューバーの僕がいます。

でも、こうして大王と仕事をしているなんて、無職で路頭に迷っていた過去の僕には想像できませんでした。今でこそ常に大王と一緒にいられるご縁に恵まれたわけですが、そんな縁を決定づける、ある出来事があったのです……。

大王との衝撃的な出会いから数カ月経った12月のあるとき、大王から「ホームページをつくってほしい」という連絡がありました。それまでの仕事の経験でサイトを制作するノウハウは習得していたものの、自信を持って、僕に任せてください！　と言えるほどのレベルではありませんでした。

でも、大王から直々《じきじき》にお願いされるなんて、これほどうれしいことはありません。僕でよければということで、さっそくミーティングをすることになりました。そんなミーティングの席での話です。

「あの、パソコンを出していいですか」

（おずおずとパソコンを取り出すと……）

「あっ、それ、世界一使えないパソコンだよね」

（これは使ったことのある人の発言だなと思い）

「これ、使ってるんですか⁉」

「いや、使いづらくて、即行メルカリで売ったよ！　それ俺のパソコンじゃね⁇」

「えぇぇぇコレ大王のパソコンなの⁉」

僕は大王が使っていた世界一使いづらいパソコンでミーティングを始めました。そろそろ終わりという頃、大王は私にこう尋ねました。

「このホームページの制作料を受け取ったらどうするの？」

「僕は新しいパソコンが欲しいと思っています。もっといい仕事を提供するためにハイスペックのMacBookが欲しいんですよね」

そんな話をして、ミーティングを終えたのです。

すると、その直後に大王からＬＩＮＥが届き、こんなやり取りをしました。

「君が欲しいっていうパソコンって、これ？（スクリーンショットの画像）」

「このグレーの色が欲しいと思っています」

「ほかにもスペックとかあるけど、どういうのがいいの？」

「これのメモリを強くしたバージョンを買おうと思っています」


ちょっとゾクゾクッとしましたが、しばらく何もないままホームページをつくる作業の準備に取り掛かっていました。そんなとき、大王のスタッフの方から「年賀状を送りたいから住所を教えてください」という連絡があり、「わざわざ年賀状を送っていただけるんですね。ありがとうございます」と返信をして、住所も送りました。

クリスマスの前日のことです。

なんと、相当スペックアップされた、あのApple社の最新作、一番高額なパソコンが家に届いたじゃぁありませんか⁉

でも、僕はまだ大王と仕事をしていないのです。まだホームページをつくる

準備に入っただけで、推定金額30万超えのパソコンをいただいてしまったのです。

「この世界に、こんなかっこいい男がいるんだな」

さらにこの話には続きがあります。
クリスマスにパソコンが届いて、年が明けた1月17日、大王から「品川駅集合。朝9時」というLINEが入りました。
まだ、ホームページもほとんどできていない状態での呼び出しです。僕は一目散に家を飛び出しました。すると、大王は「ついて来いよ」といった感じで、とある会場へと僕を連れて行きました。

そこはユーチューブの勉強会でした。

僕は大王と一緒に勉強会に参加することになったのです。

昼休みになって、大王は僕にこう告げました。

「これからユーチューブの波がくると思うんだよね。俺のチャンネルやってくれない？」

――って、僕はまったくの素人ですよ。普通ならその道のプロに頼んだほうがいいのでは……。何も知らない素人と一緒に勉強会に行って「これから頼むよ」とは、どういうこと⁉

聞けば、その勉強会は半年で５００万円もするコースだったのです。


なんで僕に頼んだのか、その理由を大王に聞きました。すると、「仕事が早い、それにお金の話を一切してこない。それが決め手。まあ、そんな奴はごまんといるけど、理由がないことが、理由だよね」と。

僕はこの人に命をかけようと本気で思ったのです。

そして、僕には今夢があります。

「大王のユーチューブの視聴者数を100万人まで増やして、大王を世界デビューさせ、ハリウッドに進出させること」です。そして「大王の好きな俳優ダニエル・クレイグのようにするぞ」っていう夢が……。

そのためには、僕自身の縁も広げていって、世界中の人とのご縁をつくっていく。

だから、僕の運気ももっと上げていく覚悟なのです。

追伸

毎年毎年何かしら、最高級のApple製品をプレゼントしてくれる大王！　今年のプレゼントは何でしょうか？（笑）

縁とはつまり、仲間をつくりにこの世にやってきた人間が持つ使命

人はこの地球にいい気分を味わうため、幸せを知るために舞い降りてきた存

在です。そして、いい仲間をつくるために神様から命をいただいた〝人間〟という生き物です。ですから、人とのご縁がなくては生きていくことはできません。


お釈迦様の十人弟子の1人であるアーナンダは、弟子同士が仲良くしていることを伝えたくて、こう質問しました。

「師よ。私たち弟子同士は、とても仲が良くてしあわせなのですが、良き仲間を得るということは聖なる道の半ばまで来たと思ってよろしいのでしょうか?」

すると、お釈迦様はこう言いました。

「アーナンダよ、それは違う。良き仲間がいるということは、仏の道のすべてである」


人生とは、物事の見方を探っていく旅です。

自分ができることは、目の前の人に喜ばれる存在になること。ご縁あるその人がどんな言動をしていたとしても、その人の中に光る才能や魅力を見出せること。その上でその人に、どんな言葉を掛け、どんな顔をすれば喜んでもらえるだろうかと「今」の自分に念を入れながら行動していくのです。

どんな大きなことも、目の前の存在を大切にすること、その積み重ねからしか成し遂げられません。そうやって入念に、一人一人を大切にしていけば、あなたもいずれ誰かに応援してもらえる人に必ずなっています。するといかなる窮地に立っても、パッと後ろを見るとあなたの応援団が「あなたのためなら何でもさせてください」と助けてくれるようになるのです。こういう人には、困ったことは起こり得ません。それが「持ってる人」であり、強運体質の核心でもあります。

また、人生は逆算思考で、物事を考えていきます。私の出会ってきた運の高い人たちは、そのゴールに向かって良き仲間とともに人生を歩んでいます。

私の、この肉体のゴールはお葬式です。この話を信じなくてもいいですが、葬式は元々、亡くなった人に自分が死んでしまったことを知らせるためにあるのです。私たちは自分で自分の葬式をハッキリと見て、人生の最後を見届けることができます。私の葬式にいったいどれくらいの人が集まって、どれくらいの人が涙を流してくれるのか。そして、私の子どもたちに「あなたのお父さんは本当に素晴らしい人だった。お父さんのおかげで私の人生は変わったんです」と、号泣しながらたくさんの人たちが列をなしている。そんな世界を見たいと思っています。

神様は時として残酷なものです。この葬式の光景を死んだ私たちに一部始終見せるのですから。

葬式に弔問《ちょうもん》客がほとんど来ない寂しい光景、家族・親戚がみんなでいがみ合っている姿、相続で争っている醜いありさま……。

そんな光景を目の当たりにするのはきっとつらいはずです。でも、それはその人の人生で投げかけてきた結果（ゴール）なのです。葬式は肉体のゴールであって、本当のゴールはその景色を確認するまでなのです。

心配しなくても大丈夫ですよ。見ることができるのではなく、必ず見せられますから。

あなたはご縁に恵まれた人生を生きていますか。そしていずれその終わりが来たら、自分のどんなお葬式を見たいでしょうか？

神様は、常にあなたに1日300個のメッセージを送っています。ただ、それに気づかないだけ。あなたの運気が高まれば神の与えし無数のチャンスに気づくときがくるはずです。

そこで私からのメッセージ。

「人生、誰と出会って誰と過ごすのか。波動の高いご縁に恵まれるのか、波動の低いご縁に苦しむのかは、あなた次第なのです」

エピローグ

トイレ掃除でいただいた「ご縁」の話

◎トイレ掃除が習慣になったとき、人生のすべてが好転し始めた

35歳で小林正観さんを知り、夢中で著書を読みあさっていたとき、「トイレ掃除をすると臨時収入がある」というくだりに強く引き込まれました。その瞬間に「マジかよ」と手にしていた本を放っぽり投げ、ソファーから飛び出してトイレ掃除を始めました。

当時の私は切実でした。経営者として、事業はなんとか回るようになり、お金はたくさん入ってくるのに、臨時出費が多く、お金が残らなくて困っていたのです。

しかし、いざトイレを掃除しようにも今までしたことがないので、まるで3億年の化石状態でした。本当に汚くて、ブラシでこすっても洗剤を思い切りかけてもビクともしません。あの手この手で掃除するうちに、だんだんとトイレがピカピカになっていきました。それからは、トイレに行くたびに毎回掃除をするようになり、うちのトイレは宇宙で一番キレイなのでは？　と思えるほどになりました。

しかしながら当時の心の中は「臨時収入、臨時収入」という一心です。

トイレ掃除をはじめてから3カ月くらい経った頃、師匠の正観さんに詰め寄りました。トイレ掃除を続けているのに、何の変化もない理由を尋ねてみたのです。すると、正観さんは、私にこう言いました。

「それはいいことですね。今神様は弓を引いている途中だから、今放したらそれなりのものしか来ませんが、引っ張れば引っ張った分だけの大きな出来事が降りかかってきますよ」

たとえが秀逸すぎて、私のモチベーションはそこで一気に爆上がり。自宅のトイレ掃除だけに飽き足らず、出先でもトイレを見つけては掃除して回るようになりました。そして、そのたびにお金を数えていたのです。

――あぁ、このトイレはきれいだから500円。

――このトイレは天文学的に汚い。今回は絶対に5万円はもらわなきゃ。

とにかくお金が欲しくて実践していたので、私の頭の中では、もう何百万円もの臨時収入が得られる計算で楽しみにしていました。

そんなある日、友人と駅で待ち合わせをしていたら、その友人から20分くらい遅れるという連絡がありました。待っている間なにげなく見ると、目の前に公衆トイレがありました。

そこで、20分も時間があるならトイレ掃除をしようと思いつき、駅のトイレにある3つの便器を片っ端から掃除していきました。

そして、無心で磨いている間に、ふと気づいたのです。

――そういえば最近、お金の計算をしていないな……と。

私の運が劇的に変わり始めたのは、まさにその頃からでした。

臨時出費がピタッと止まっただけではなく、それまで出会ったこともなかったような魅力的な人たちと次々と出会えるようになったのです。

今ならわかります。「トイレ掃除は、その人が一番欲しいものを与えてくれる」ということが。

私にとって一番欲しかったもの、それはお金ではなく「ご縁」だったのです。

◎一番欲しいものを得られる人生に

トイレは宇宙への玄関口。トイレの扉を開ければ、そこには烏枢沙摩明王様《うすさまみょうおうさま》がいます。

烏枢沙摩明王様のおかげで、私は一番欲しかったご縁をたくさん与えてもらい、想定外の人生になりました。仕事でもプライベートでも、どんなに自分一人で頑張ってもやりきれなかったであろうことを、ご縁ある人たちが助けてくれて、全部叶えてくれました。

私はもともと根暗で、誰にも心を開けなかったのですが、今では信じられないくらい素晴らしいお客様や仲間たちにご縁をいただいて、毎日をスペシャルな記念日のように過ごさせていただいています。

トイレの神様、烏枢沙摩明王様には、

本人でも分かり得ないようなその人の本質的な願いを叶えてくれるご利益があります。

頭では「お金が欲しい」「結婚したい」「社会やSNSでの評価が欲しい」と思っていても、本当は、お金では買えないものを求めていたり、寂しさを埋めたい、安心が欲しいだけだったりすることは少なくありません。そのご褒美は、何かや誰かへの執着や余計な感情を手放せたときに初めて、与えてもらえるようなのです。

そして、この世界に生きるすべての人にとって、ご縁はとても大きな役割を果たしています。

あなたはこれまで、どんな出会いを重ねてきましたか。

ここで、私の大好きなお釈迦様のお話をご紹介します。

ガンジス河のほとりを歩いていたときのこと、お釈迦様は砂をひと掴みし、それを手のひらにのせ、弟子に尋ねました。

「この手のひらの砂と、この河原の砂とでは、どちらが多いか？」

「もちろん河原の砂のほうが多いです」

「その通りだ。よく聞きなさい、この世界には、この河原の砂と同じように、数えきれないほどの人間がいる。けれど、その中で、出会う人間はこの手のひらに乗っているくらいしかいない。それほどに、ご縁がある人と出会うことは難しいことなんだよ」

次に、お釈迦様はその手のひらの砂から、1本の指の爪の上に砂をのせて言いました。

「これをみてごらん。同じ人間に生まれることができても、良き仲間に巡り会うことが出来る人は、ちょうどこの爪の上にのっているほどに稀《まれ》なんだ」

人間に生まれてくる奇跡、更に、良き仲間に出会うべくして出会える奇跡の有難さは計り知れませんが、この地球上には80億人もの人たちがいて、日本には1億2000万人もの人がいるのです。この中で一体どれくらいの人とご縁があるのでしょうか。ご縁があるだけではなく仲良くなれる確率は天文学的数字です。

あなたにとって今、目の前の人が運命の人だと思ってください。

遠くの知らない誰かを探すより、今すでにあるご縁をまず大切にしてみて欲しいのです。

あなたとこうして出会っているこの時間は、二度と巡っては来ないたった一度きりのものです。そしてそれは、誰にとっても同じこと。だからこそ、その一瞬を大切に思い、今出来る最高のおもてなしをしてみてはいかがでしょうか？

「今この瞬間を精一杯、全力で覚悟を決めてやりきってみよう」

「今目の前にいる人を思いっきり喜ばせてあげよう」
一期一会のそんな「念」を持って生きていくほどに、あなたの人生もかけがえのないものになっていきます。

あなたに出会えて良かった。
あなたのおかげで今があります。

1人でも多く、そう言える人に出会い、そしていずれは、そう言ってもらえる存在になっていきたいものです。地球に引力、人には魅力。関わる人を少しでも喜ばせ、引き上げられる魅力的な人になれるように、良き仲間に支えられながらこの人生を謳歌《おうか》していきましょう。

私の大切なスタッフの一人、邪《ジャ》ーナンダが、あるとき、こう尋ねました。

「大王は僕の一番欲しいもの、超ハイスペックのパソコンと仕事を与えてくれました。良き仕事を得るということは、夢の道半ばまで来たと思ってよろしいのでしょうか」

私はこう答えました。


「我が愛すべき邪ーナンダよ、そなたが得たものは他にある」

「ええええ⁉　僕の欲しかったのは仕事ではないのですか。こんなに楽しくお仕事をさせていただいているのに。では、伴侶ですか。僕は大王のおかげで最愛のサキちゃんにも出会えました！」

「イヤ違う、あなたの魂が追い求めていたのは、もっと本質的なことである」

「じゃあ、何なんだ、じゃあなんだ！　ジャアナンダーーー！！？？」

「そうさ、ジャーナンダ、Youだよ。

邪兄さんは、本当の自分自身に出会えたんだよ。

人生で最も大切なご縁の一つは、本当の自分に出会えること」

……ということで、本当になりたかった自分を見つけられた邪兄さんへ。
おめでとうございます。すっかり大活躍なあなたをスクリーン越しに見るにつけ、初めて出会ったあの日のことを、昨日のように思い出します。

人生はワンダフル。不思議が一杯です。
そのきっかけはいつも誰かとのご縁にあります。

私の次の目標は、邪兄さんみたいな人を1人でも多く世に送り出すことです。
私に関わった人たちが、人生をより良くしていくことができるように、いつになっても誰かの喜ばれる存在でありたいと改めて思います。

最後になりましたが、この本の制作を企画、実現してくださった皆様に心より感謝申し上げます。

幻冬舎 岩堀悠さん
ライター 稲川智士さん
イラストレーター SAKIさん
デザイナー 岩永香穂さん

多大なるお力添えをありがとうございました。
そして、スタッフの小野マッチスタイル邪兄さん、秘書チームの皆様。
カリスマビーンズライター美穂さん。
本当にいつもありがとう。

人生は誰と出会って誰と過ごすか。あなたとの出会い、すなわち「ご縁」は
私にとって最高の財産です。
出会ってくださりありがとうございます。

それでは、あなたにとって最高のご縁がこれからもたくさんありますように。
またいつかどこかでお会い致しましょう♪
本当にどうもありがとうございました。

アディオス！　イヤォ！

令和5年　卯月吉日　　T師匠の命日に捧ぐ

櫻庭露樹

Staff
ブックデザイン　岩永香穂（MOAI）
構成・文　稲川智士
イラスト　SAKI

〈著者紹介〉櫻庭 露樹（さくらば つゆき）
青森県三沢市生まれ。幼少期の極貧生活により、9歳から新聞配達をこなし不労所得も得る。小学生時代に稼いだ金額は一千万円。24歳で起業後、フランチャイズで10店舗の経営に成功。現在は複数の事業の他、大企業の社外取締役などを務め、世界中の富豪との人脈も持つ。YouTubeチャンネルの登録者数は17万人超え。『金運が爆上がりするたこ星人の教え』（KADOKAWA）など著書多数。

天下無敵のご縁術
誰でも開運体質になれる生き方
2023年4月5日　第1刷発行

著　者　櫻庭露樹
発行人　見城 徹
編集人　森下康樹
編集者　岩堀 悠

発行所　株式会社 幻冬舎
〒151-0051 東京都渋谷区千駄ヶ谷4-9-7
電話：03(5411)6211(編集)
03(5411)6222(営業)
公式HP：https://www.gentosha.co.jp/

印刷・製本所　中央精版印刷株式会社

検印廃止

ISBN978-4-344-03877-6　C0030
JASRAC 出 2301499-301

この本に関するご意見・ご感想は、
下記アンケートフォームからお寄せください。
https://www.gentosha.co.jp/e/